本书系山东大学基本科研业务费资助项目

山东大学文史哲研究专刊

《论语》辨疑研究

冯浩菲 著

上海古籍出版社

图书在版编目(CIP)数据

《论语》辨疑研究 / 冯浩菲著. —上海:上海古
籍出版社,2019.5
(山东大学文史哲研究专刊)
ISBN 978-7-5325-9194-7

Ⅰ. ①论… Ⅱ. ①冯… Ⅲ. ①儒家②《论语》-注释
③《论语》-研究 Ⅳ. ①B222.2

中国版本图书馆 CIP 数据核字(2019)第 062947 号

山东大学文史哲研究专刊
《论语》辨疑研究
冯浩菲 著
上海古籍出版社出版发行
(上海瑞金二路 272 号 邮政编码 200020)
(1)网址:www.guji.com.cn
(2)E-mail:guji1@guji.com.cn
(3)易文网网址:www.ewen.co
江阴金马印刷有限公司印刷
开本 890×1240 1/32 印张 5 插页 5 字数 126,000
2019 年 5 月第 1 版 2019 年 5 月第 1 次印刷
印数:1—2,100
ISBN 978-7-5325-9194-7
B·1099 定价:36.00 元
如有质量问题,请与承印公司联系

出版说明

　　山东大学素以文史见长。二十世纪三十年代,以闻一多、梁实秋、杨振声、老舍、沈从文、洪深等为代表的著名作家、学者,在这里曾谱写过辉煌的篇章。二十世纪五十年代以来,以冯沅君、陆侃如、高亨、萧涤非、殷孟伦、殷焕先为代表的中国古典文学、汉语言文字学研究,以丁山、郑鹤声、黄云眉、张维华、杨向奎、童书业、王仲荦、赵俪生为代表的中国古代史研究,将山东大学的人文学术地位推向巅峰。但是,随着时代的深刻变迁,和国内其他重点高校一样,山东大学的文史研究也面临着挑战。如何重振昔日的辉煌,是山东大学领导和师生的共同课题。"周虽旧邦,其命维新"。山东大学文史哲研究院正是在这一特殊历史背景下成立的,肩负着不可推卸的历史责任,将形成山东大学文史学科一个新的增长点。

　　文史哲研究院是一个专门从事基础研究的学术机构,所含专业有中国古典文献学、中国古代文学、汉语言文字学、史学理论与史学史、中国古代史、科技哲学、文艺学、民俗学、中国民间文学等。主要从事科研工作,同时培养硕士、博士研究生。著名学者蒋维崧、王绍曾、吉常宏、董治安等在本院工作,成为各领域的学科带头人。

　　"兴灭业,继绝学,铸新知",是本院基本的科研方针;重点扶持高精尖科研项目,优先资助相关成果的出版,是本院工作的重中之中。《山东大学文史哲研究院专刊》正是为实现上述目标而编辑的研究丛书。感谢上海古籍出版社对本丛书的支持,欢迎海内外学友对我们进行批评和指导。

山东大学文史哲研究院
2003 年 10 月

【附记】

　　《山东大学文史哲研究院专刊》已陆续编辑出版多种,在海内外引起广泛关注和好评。2012 年 1 月,山东大学文史哲研究院与山东大学儒学高等研究院、山东大学儒学研究中心和《文史哲》编辑部的研究力量整合组建为新的山东大学儒学高等研究院,许嘉璐先生任院长,庞朴先生任学术委员会主任(庞朴先生于 2015 年病故)。本院一如既往,以中国古典学术为主要研究范围,其中尤以儒学研究为重点。鉴于新的格局,专刊名称改为《山东大学文史哲研究专刊》,继续编辑出版。欢迎海内外朋友提出宝贵意见。

2019 年 3 月

前　言

　　申报全国高等院校古籍整理研究重点科研项目时,曾题为"《论语》辨疑辨伪研究"。项目批准后,具体做来,发现"辨疑"与"辨伪"差别颇大,不便于一概论述,故决定还是先作"辨疑",后作"辨伪",分别对待比较妥当。

　　书中所据《论语》为杨伯峻《论语译注》(北京:中华书局,1980 年)。其正文每章之前有编序符号,分别标明篇与章,本文据此,于每条标题之下标称所论篇章为"此为《论语》第几篇之第几章"。倘标题为全文,则在此后加标注号,说明此为杨伯峻《论语译注》的有关事宜。倘标题为全章一部分,则接着写出全文,随后加标注号,与上同。另,部分篇章依据李学勤主编简体字标点本《论语注疏》(北京:北京大学出版社,1999 年)而定。此外,"正平本"是指曾流传于日本的何晏《论语集解》一书。

　　本书共辨别《论语》疑误 74 条,涉及《论语》原文 76 章,其中 69 条均先引正确解释,再引未妥解释,然后由"[按]"领起,根据不同情况加以总论说明。唯有第 6 条(即第二篇第六章)、第 27 条(第八篇第九章)、第 55 条(第十四篇第十六章和十七章)、第 66 条(第十七篇第五章和七章)共四篇六章,曾分别成文,依次刊布于台湾《孔孟月刊》第四十三卷第 11、12 期,《文史哲》2003 年第 3 期,《文史哲》2006 年第 2 期,《孔子研究》2006 年第 2 期,收入本书之后,稍有删改,体例各异。还有,第 68 条(即第十七篇第十五章)在解释"患得之"一语时,历代著述大多未妥,故不加引用,直接作解。特此说明。

对于《论语》疑义,历代辨解颇多,大都各述己解。此论亦然,还望读者批平。

目　次

1. 人不知,而不愠,不亦君子乎?

此为《论语》第一篇《学而》之第一章。全文为:"子曰:'学而时习之,不亦说乎? 有朋自远方来,不亦乐乎? 人不知,而不愠,不亦君子乎?'"①

皇侃《论语义疏》云:"《注》:'愠,怒也。凡人有所不知,君子不愠之也。'"又"《疏》云:'此有二释:一言古之学者为己,己学得先王之道,含章内映,而他人不见知,而我不怒,此是君子之德也。有德已为所可贵,又不怒人之不知,故曰亦也。又一通云:君子易事,不求备于一人,故为教诲之道,若人有钝根不能知解者,君子恕之而不愠怒之也。为君子者亦然也。'"②

杨伯峻《论语译注》说:"人家不了解我,我却不怨恨,不也是君子吗?"③

[**按**]　皇氏所引何晏《论语集解》云"凡人有所不知,君子不愠之也"与"又一通"所云,是对的。而皇氏所云"一言"与杨氏所说,却是错的。古文省减,一句话往往会产生很多不同的含义,倘孤立作解,一般很难确定具体含义,只有根据一定的上下文,才能最后得出正确的解释。这段孔子所说的话出现在《论语》一书开头,也就是《论语》的篇首语,共有三句。如文前所录。据此,我们知道这段话有三个基本观点:一、作为弟子,学了之后,加以复习,

① 杨伯峻《论语译注》,北京:中华书局,1980 年,第 1 页。
② 皇侃《论语义疏》,《四部要籍注疏丛刊》,北京:中华书局,1998 年,第 159—160 页。
③ 杨伯峻《论语译注》,北京:中华书局,1980 年,第 1 页。

这是很高兴的事情。二、有的弟子从很远的地方来此学习,这是很快乐的。三、若有人一下子不理解所讲的东西,作为导师,不以此怪怨他,这正是君子的风范。据此判断,这里讲的正是孔子教育弟子的基本态度。其中第三件事情,表明他认为弟子不一定全部很聪明,有些弟子对导师所讲的内容,不一定一下子就能明白,即"人不知"。这时导师应该正确对待,即"不愠",这正是君子应有的态度。据此分析,笔者认为,关于第三句话,即"人不知而不愠,不亦君子乎",应该根据何氏云"凡人有所不知,君子不愠之也",或根据"又一通"所云"故为教诲之道,若人有钝根不能知解者,君子恕之而不愠怒之也",是对的。倘根据"一言"所云"而他人不见知,而我不怒,此是君子之德也",或杨氏所说"人家不了解我,我却不怨恨,不也是君子吗",却是错的。因为"人家不了解我,我却不怨恨",你为什么要怨恨呢?这里究竟是指谁?是指"弟子"吗?不对。是指孔子自己吗?也不对。说不通的原因就在于这种解释是错的。只有像何氏《集解》或皇氏"又一通"所说,将"人不知"解为"人有所不知"或"若人有钝根不能知解者",才是正确的。否则,倘如"一言"或杨氏所解,无论如何说不通。

2. 吾日三省吾身。

此为《论语》第一篇《学而》之第四章。全文为："曾子曰：'吾日三省吾身：为人谋而不忠乎？与朋友交而不信乎？传不习乎？'"①

皇侃《论语义疏》曰："曾子言：'我一日之中每三过自视。'况复凡人可不为此三事乎？言不可也。"②朱熹《论语集注》云："曾子以此三者日省其身，有则改之，无则加勉，其自治诚切如此，可谓得为学之本也。"③

杨伯峻《论语译注》谓："三省——'三'字有读去声的，其实不破读也可以。'省'音醒，xǐng，自我检查，反省，内省。'三省'的'三'表示多次的意思。古代在有动作性的动词上加数字，这数字一般表示动作频率。而'三''九'等字，又一般表示次数的多，不要着实地去看待。说详汪中《述学·释三九》。这里所反省的是三件事，和'三省'的'三'只是巧合。如果这'三'是指以下三件事而言，依《论语》的句法便应该这样说：'吾日省者三。'和《宪问篇》的'君子道者三'一样。"④

　　[按]　皇氏、朱氏都以为"吾日三省吾身"一语中"三省"的"三"即是实词"三"，而今人杨氏则认为此"三"字只表示"多次"

---

　　①　李学勤主编简体字标点本《论语注疏》（以下简称"标点本"），北京：北京大学出版社，1999 年，第 4 页。

　　②　皇侃《论语义疏》，《四部要籍注疏丛刊》，北京：中华书局，1998 年，第 160 页。

　　③　朱熹《论语集注》，《四部要籍注疏丛刊》，北京：中华书局，1998 年，第 489 页。

　　④　杨伯峻《论语译注》，北京：中华书局，1980 年，第 3—4 页。

的意思,不当实词"三"来看。古人的解释是有道理的。

第一,"吾日三省吾身"这句话是曾子说的,《论语》中就此一句,不可比拟。意思是说,我每天以此三件事来省察自己。然后下文便直接讲出三件事。很明显,这里所谓的"三"跟以下所讲的事情的数目是一致的,并不是什么"巧合"。何况曾子本身就是这样一个有啥说啥、实实在在的人。他认为那三件事情相当重要,马虎不得,故每天都要一一加以省察。因此这里所讲"三省"的"三"跟以下所列三件事情的"三"完全一致,绝对不是什么"巧合"。

第二,"吾日三省吾身"这句话实际上跟"吾日三省"是一致的,只是前者比后者多了一个宾语"吾身"而已。倘省去"吾身",变为"吾日三省",紧接以下三件事,那样就跟"君子有三愆"(见《论语》16.6)、"君子有三戒"(见《论语》16.7)、"君子有三畏"(见《论语》16.8)之类差不多了,其中的"三"字均属于实词,绝对不能解释为"多次"之类。因此,倘因"吾日三省吾身"这句话多了一个宾语"吾身"的原因,便将"三省"的"三"解为"表示多次的意思",显然是不恰当的。

第三,根据以上理由,笔者认为,像皇侃、朱熹这类古代学者一样,将"吾日三省吾身"一语中的"三"一词当作实词解是对的,而像杨伯峻那样当作虚词'多次'来解则是不适宜的。朱氏《集注》:"尽己之谓忠,以实之谓信。传,谓受之于师,习,谓熟之于己。曾子以此三者日省其身,有则改之,无则加勉,其自治诚切如此,可谓得为学之本矣。而三者之序,则又以忠信为传习之本也。尹氏曰:'曾子守约,故动必求诸身。'谢氏曰:'诸子之学,皆出于圣人,其后愈远而愈失其真。独曾子之学,专用心于内,故传之无弊,观于子思、孟子可见矣。惜乎!其嘉言善行,不尽传于世矣。其幸存而未泯者,学者其可不尽心乎!"①

---

① 朱熹《论语集注》《四部要籍注疏丛刊》,北京:中华书局,1998 年,第 489 页。

3. 贤贤易色。

此为《论语》第一篇《学而》之第七章。全文为："子夏曰：'贤贤易色；事父母，能竭其力；事君，能致其身；与朋友交，言而有信。虽曰未学，吾必谓之学矣。'"①

邢昺《论语注疏》曰："'贤贤，易色'者，上贤谓好尚之也。下贤谓有德之人。易，改也。色，女人也。女有姿色，男子悦之。故经传之文通谓女人为色。人多好色不好贤者，能改易好色之心以好贤，则善矣。故曰'贤贤，易色'也。"②朱熹《论语集注》曰："贤人之贤，而易其好色之心好善，有诚也。"又"游氏曰：'三代之学皆所以明人伦矣，能是四者，则于人伦厚矣。学之为道，何以加此？子夏以文学名而其言如此，则古人之所谓学者可知矣。故《学而》一篇，大抵皆在于务本。'"③

杨伯峻《论语译注》谓"对妻子，重品德，不重容貌"，又谓"奴隶社会和封建社会把夫妻间关系看得极重，认为是'人伦之始'和'王化之基'，这里开始便谈到它，是不足为奇的。我认为这话很有道理"，并谓，"把'易色'解为'不重容貌'"④。

[按]　邢氏等人皆谓"贤贤"是尊重贤者，"易色"是改易好色之心，这是对的，而杨氏的解释不可取。尊贤与好色是自古以来所

---

① 杨伯峻《论语译注》，北京：中华书局，1980 年，第 5 页。
② 邢昺《论语注疏》，《四部要籍注疏丛刊》，北京：中华书局，1998 年，第 312 页。
③ 朱熹《论语集注》，《四部要籍注疏丛刊》，北京：中华书局，1998 年，第 490 页。
④ 杨伯峻《论语译注》，北京：中华书局，1980 年，第 5—6 页。

存在的两种截然不同的待人态度。凡大公无私的人都以尊贤为贵，凡心胸狭小的人都以好色为要。故子夏论为人之事时，以"贤贤，易色"为首，意谓要尊重贤者，改易好色之心。这是做人的总则、为人的根本。这个问题解决了，才能做好以下三件事，故下依次讲到事父母、事君、交友的事情。因此，这里所讲的"贤贤，易色"之事是个总纲，并不是其他什么分散的事情，所以像杨氏那样崇重陈祖范、宋翔凤等人的说法，解释为"妻子"之事，显然不伦不类。人的一生，承不承认这个总纲，关系极大。承认这个总纲，便自然而然产生"事父母"、"事君"、"与朋友交"这些细则；倘不承认这个总纲，而以"好色"为归属，那就根本不存在"事父母"、"事君"、"与朋友交"之类事情了。因此可知，子夏在谈到"事父母"、"事君"、"与朋友交"这些细则之前，先论"贤贤，易色"这一总纲的重要性了。还有，倘依照杨氏的意见，将"贤贤"的第二个"贤"字解释为"妻子"，那么以下所论，"父母"、"君"、"朋友"之类就无法称谓了。因为一处行文，对"妻子"不以"妻子"之称，而以尊者"贤"字称，那么对别的称谓也就该变称，否则就存在很大差异了。现在别的称谓未变，那就说明这个"贤"者只能是一般的泛指，不可能指某一种人事关系。因此倘将这个"贤"字当"妻子"讲，那是绝对不行的。古籍中也没有这种用例。

4. 小大由之,有所不行。

　　此为《论语》第一篇《学而》之第十二章。全文为:"有子曰:
'礼之用,和为贵。先王之道,斯为美。小大由之,有所不行。知和
而和,不以礼节之,亦不可行也。'"①

　　皇侃《论语义疏》曰:"由,用也。若小大之事皆用礼而不用
和,则于事有所不行。"②邢昺《论语注疏》曰:"由,用也。言每事
小大皆用礼而不以乐和之,则其政有所不行也。"③

　　杨伯峻《论语译注》在"小大由之"之后加句号。将"有所不
行"句归下文。译为:"他们小事大事都做得恰当。但是,如有行
不通的地方,便为"云云。④

　　[**按**]　皇、邢二氏均谓小大之事皆用礼而不用和,于事有所
不行,他们的说法可取。考这章全文共九句,前两句讲到"礼"与
"和",后两句是对"礼"与"和"并用的肯定,最后三句讲到"和"当
用"礼"节之,由此可知,中间"小大由之,有所不行"两句必然讲到
"用礼而不用和"之事。总之,这九句话两两相对,都是讲"礼"与
"和"的事情。只不过前四句肯定"礼"与"和"并用,五六句讲"用
礼而不用和"云云,最后三句对讲用和而不用礼云云。特别第九句
"亦"字之用,说明五六句意谓"用礼而不用和"。因此可知,皇、邢

　　①　标点本《论语注疏》,北京:北京大学出版社,1999 年,第 10 页。
　　②　皇侃《论语义疏》,《四部要籍注疏丛刊》,北京:中华书局,1998 年,
第 164 页。
　　③　邢昺《论语注疏》,《四部要籍注疏丛刊》,北京:中华书局,1998 年,
第 313 页。
　　④　杨伯峻《论语译注》,北京:中华书局,1980 年,第 8 页。

二氏的说法极对。杨氏在第五句"小大由之"之后加句号,所作译文违背了"礼"与"和"的关系,乱说一通,不可取。由于《论语》产生的时代比较早,所讲的许多事情古今差异比较大,因此后世学人理解起来有许多颇费周折的地方,需要特别留意。

5. 因不失其亲，亦可宗也。

此为《论语》第一篇《学而》之第十三章。全文为："有子曰：'信近于义，言可复也。恭近于礼，远耻辱也。因不失其亲，亦可宗也。'"①

朱熹《论译集注》云："因犹依也，宗犹主也。"又云："所依者不失其可亲之人，则亦可以宗而主之矣。"②

杨伯峻《论语译注》说："依靠关系深的人，也就可靠了。"③

[按] 根据这一章六句话，每两句一层意思的结构特点，第五句"因不失其亲"的"因"字根据朱氏注翻译为主语"所依者"是比较好的，而根据杨氏注仅翻译为动词"依靠"，则不妥切。第六句"亦可宗也"，朱氏的翻译也比杨氏妥当。这两句白话文可译为："所依靠者不失为可亲近的人，也就可以宗主了。"

---

① 杨伯峻《论语译注》，北京：中华书局，1980 年，第 8 页。
② 朱熹《论语集注》，《四部要籍注疏丛刊》，北京：中华书局，1998 年，第 494 页。
③ 杨伯峻《论语译注》，北京：中华书局，1980 年，第 8 页。

6. 父母,唯其疾之忧。

此为《论语》第二篇《为政》之第六章。全文为:"孟武伯问孝。子曰:'父母唯其疾之忧。'"①

从汉代一直到今天,历代文献学家由于对文中的"其"字理解不同,他们对本章的释意也就分为截然不同的两派。如东汉马融注云:

> 言孝子不妄为非,唯疾病然后使父母忧。②

即认为"忧"的施事者为父母,"忧"的对象为孝子的疾病,故文中"其"是指孝子。马氏为东汉一代大儒,他的释意为后代大多数学者所认可。改宋代朱熹《论语集注》云:

> 言父母爱子之心,无所不至,唯恐其有疾病,常以为忧也。③

他也认为是父母担忧子女的疾病。今人杨伯峻采取马氏之说,因此将孔子的话译为:

> 做爹娘的只是为孝子的疾病发愁。④

---

① 杨伯峻《论语译注》,北京:中华书局,1980 年,第 14 页。
② 邢昺《论语注疏》《四部要籍注疏丛刊》,北京:中华书局,1998 年,第 321 页。
③ 朱熹《论语集注》,《四部要籍注疏丛刊》,北京:中华书局,1998 年,第 499 页。
④ 杨伯峻《论语译注》,北京:中华书局,1980 年,第 14 页。

以上三家之说都认为"父母"是施事者,即主语;"其疾"是谓语"忧"的对象,即宾语;其中的"其"是表领属的第三人称代词,表示"他的","孝子的"意思。由于此三家都是个中高手,各领一代乃至数代风骚,因此这一派的释意从古至今一直占主导地位。

另一派的解释则与此完全相反。如东汉王充于《论衡·问孔》篇云:

> 武伯善忧父母,故曰"唯其疾之忧。"①

意谓由于武伯总是在方方面面为父母担忧,针对他的情况,孔子答话中没有泛言何谓"孝",而是指出孝子只是担忧父母的疾病,言外之意是说别的方面不必过多地担忧。这也是一种因材施教的办法。根据这种释意,原文中"忧"的施事者,即省略主语,是孝子,或子女;"忧"的对象,即宾语,是"其疾",其中的"其"是"父母的"意思。

东汉高诱训解《淮南子》,在《说林》篇"忧父母之疾者子,治之者医"二句下加注亦云:

> 《论语》曰:"父母,唯其疾之忧。故曰忧之者子。"②

即认为《淮南子》"忧父母之疾者子"的说法是本《论语》而立论,故忧之者是"子",即"孝子",而不是"父母";"忧"的对象是"其疾",即父母的疾病。清梁章钜同意王充、高诱的说法,故《论语旁通》云:

---

① 王充《论衡》,《诸子集成》,上海:上海书店,1990年,第87页。
② 高诱《淮南子》,《诸子集成》,上海:上海书店,1990年,第303页。

唯王、高二氏说文顺义洽,盖人子事亲,万事皆可无虑,唯父母有疾病为忧之容已。①

上述三家之说都认为忧之者是子,省略;"忧"的对象"其疾"是指父母的疾病;"其"字指"父母"。这与前一派的释意正好相反。由于种种原因,这一派的观点一直未能得到大多数人的认可。

以上论述表明,在《论语·为政》篇第六章"父母唯其疾之忧"一句的释意方面,历来存在着两种截然不同的理解。究竟何者为是,何者为非,有必要进一步加以考辨。

[按] 马融一派的释意虽然自古至今一直处于主流意识地位,但实际上并不符合孔子的原意,而王充一派的释意却是对的。这是因为:

第一,从本章的主题来看,孟武伯问的是孝道,而不是慈爱,因此孔子的答话只能是有关孝道的内容,而不能是有关慈爱的内容,否则就所答非所问了。一般人大都不会所答非所问,孔子更不会如此,这是情理中事。按马融一派的释意来说,孔子的答语讲的是父母的慈爱,这样所答非所问,与本章主题不合,因此其说不可从。相反,按王充一派的释意来看,孔子的答语讲的是子女的孝道,这样正好答其所问,与主题相合,因此其说可从。

第二,从前后各章的内容和语境来看,同篇第五章是"孟懿子问孝",孔子答语讲奉行孝道不能违背礼节。第七章是"子游问孝",孔子答语讲奉养父母要恭敬。第八章是"子夏问孝",孔子答语讲侍奉父母必须和颜悦色。这就是说,同篇相连四章都是讲孝道,孝道的施事者必然是孝子、孝女,而不是父母。其他三章内容

---

① 梁章钜《论吾旁通》,上海:上海古籍出版社,1995 年—2002 年,《续修四库全书》,第 155 册。

的释意没问题,都是讲孝子的孝道,那么第六章的内容也只能是讲孝子的孝道,不可能变成讲父母的慈爱。按王充一派的释意来看,该章讲子女最担忧的是父母的疾病,正属于孝子的孝道,与上下各章文意相贯通,因此是正确的。相反,倘按马融一派的释意来看,该章讲父母最担忧孝子的疾病,却属于父母的慈爱,与上下各章文意不贯通,因此是错误的。

第三,从句法方面看,孔子的答语应该作如下标点:

父母,唯其疾之忧。

"父母",即是介宾结构"对于父母"一语的省文;"唯其疾之忧",即是"惟忧其疾"的倒置:这些都是周代语法的惯例。全章的语法结构和意序表明:由于孟武伯向孔子请教孝道,而施行孝道的主人必然是孝子,不言自明,因此孔子的答语从"孝子"的角度立言而省称"孝子",谓孝子对于父母,只是担忧他们的疾病,言外之意是说其他的方面不必过多担忧。孔子答弟子和时人的问话,往往是有针对性的,此处亦然,故有是说。以此考量王、马两派的释意,王充一派认为"忧"的施事者是"孝子",所忧的对象是"父母的疾病"。这种释意与该章的语法结构相符合,因此是对的。相反,马融一派认为"忧"的施事者是"父母",所忧的对象是"孝子的疾病"。这种释意与该章的语法结构不符合,其中马氏的释意"言孝子不妄为非"云云属于增意解经,朱氏的释意"言父母爱子之心无所不至"云云属于增词释经,杨氏的译语"做爹娘的只是为孝子的疾病发愁"属于误会文意,因此都是错误的。

第四,从发生问答之事的背景看,第五章中所写问孝的"孟懿子"是第六章中问孝的"孟武伯"的父亲,相连两章记述他们父子俩人向孔子请教孝道的事情。孟懿子姓仲孙,名何忌,是鲁国的三家之一。鲁国三家的官位是大夫,他们掌权行事,往往违背当时礼节,不用大夫礼,而用诸侯礼,甚至天子礼。因此孟懿子问孝,孔子有针对性地回答说,奉行孝道不要违背礼节。孟武伯姓仲孙,名彘。他向孔子问孝,孔子答以"对于父母,只是担忧他们的疾病"。应该说,这也是有针对性的,如果没有针对性,便不会兀然以"唯其疾之忧"作答。那么针对性何在呢? 可惜《论语》中别无相关记载,《春秋》中倒是有一些线索。孔子卒于哀公十六年(前479),仲孙何忌卒于哀公十四年(前481)。哀公元年(前494)、二年(前493)、三年(前492)、六年(前489),何忌连年率兵伐邾。自哀公七年(前488)以后,不再记述何忌事迹。因此可以推想,在哀公十四年(前481)之前某一个时候,仲孙何忌卧病,其子彘为其父方方面面的事情担忧,操劳不已,故向孔子请教孝道。孔子针对其父仲孙何忌卧病之事,故答以"父母,唯其疾之忧"。可见王充释意中所谓"武伯善忧父母"的说法也不是完全没有根据。既然孟武伯问孝,孔子有针对性地强调孝子只宜担忧父母的疾病,那么可知其答语中"忧"的施事者只能是"孝子",而不能是"父母","忧"的对象也只能是"父母的疾病",而不能是"孝子的疾病",从而可知王氏一族的释意可从,马氏一派的释意不可从。

7. 至于犬马,皆能有养。

　　此为《论语》第二篇《为政》之第七章。全文为:"子游问孝。子曰:'今之孝者,是谓能养。至于犬马,皆能有养。不敬,何以别乎?'"①

　　正平本《论语集解》云:"苞氏曰:'犬以守御,马以代劳,能养人者。'"②

　　朱熹《论语集注》曰:"养,谓饮食、供奉也。犬马待人而食,亦若养然。言人畜犬马皆能有以养之,若能养其亲而敬不至,则与养犬马者何异?甚言不敬之罪,所以深警之也。"③

　　[按]　"至于犬马,皆能有养",苞氏的说法是对的。他认为,在孔子看来,犬以守御,马以代劳,也是能养人者。在"养人"这一点上来说,虽然所养的方方面面有所不同,但都是一种"养"。儿子的供养是"养",犬马的养活也是"养"。唯独在"敬"的方面,是儿子所独有而犬马所不能的。因此,倘儿子不孝敬的话,便跟犬马没有什么不同了。总之,孔子在谈到对于父母的"养"与"敬"这两个过程时,认为"养"比较容易,儿子可以供养,犬马也可以养活。至于"敬"这个过程,唯独儿子能够办到,犬马办不到,因此儿子一定要孝敬父母。由此可知,何氏《集解》用苞氏说是对的。在其解

　　①　杨伯峻《论语译注》,北京:中华书局,1980年,第14页。
　　②　正平本《论语集解》,《四部要籍注疏丛刊》,北京:中华书局,1998年,第6页。
　　③　朱熹《论语集注》,《四部要籍注疏丛刊》,北京:中华书局,1998年,第499页。

释中,以"犬"与"马"为主语,"养"为动词,"人"为宾语。朱氏《集注》用"犬马待人而食,亦若养然"与"若能养其亲而敬不至,则与养犬马者何异",则是"人"为主语,"养"为谓语,"犬马"为宾语。这跟苞氏说正好相反。这种说法不可取。

8. 色难。

此为《论语》第二篇《为政》之第八章。全文为："子夏问孝。子曰：'色难。有事，弟子服其劳；有酒食，先生馔，曾是以为孝乎？'"①

皇侃《论语义疏》云："苞氏曰：'色难，谓承望父母颜色乃为难也。'"②

杨伯峻说："儿子在父母前经常有愉悦的容色，是件难事。"③

[按]　古代父母有尊严，他们的喜怒哀乐一般都藏在心头，不表露在外边，特别儿子出现的时候是这样。儿子一般都比较孝顺，为了讨父母高兴，都要看着父母的脸色行事。一方面是父母尽量板着面孔，一方面是儿子尽量逗父母高兴。这期间，对儿子来说，父母的颜色最为重要。自然而然，便有"色难"的感觉。因此，苞氏关于"色难，谓承望父母颜色乃为难也"的说法是对的，而杨氏理解为"儿子在父母前经常有愉悦的容色，是件难事"，则不妥当。

---

①　杨伯峻《论语译注》，北京：中华书局，1980 年，第 15 页。

②　皇侃《论语义疏》，《四部要籍注疏丛刊》，北京：中华书局，1998 年，第 167 页。

③　杨伯峻《论语译注》，北京：中华书局，1980 年，第 15 页。

9. 是可忍也,孰不可忍也?

此为《论语》第三篇《八佾》之第一章。全文为:"孔子谓季氏,'八佾舞于庭,是可忍也,孰不可忍也?'"①

邢昺《论语注疏》云:"故曰:若是可容忍,他人更谁不可忍也。"②

杨伯峻《论语译注》说:"这都可以狠心做出来,什么事不可以狠心做出来呢?"又谓:"忍——一般人把它解为'容忍'、'忍耐',不好;因为孔子当时并没有讨伐季氏的条件和意志,而且季平子削弱鲁公室,鲁昭公不能忍,出走到齐,又到晋,终于死在晋国之乾侯。"③

[按] 这段《论语》全文分为两节:前一句"八佾舞于庭"为一节,说明六十四人在庭院中奏乐舞蹈。后两句为一节,说明孔子讥之,谓:这都可以容忍,还有什么事不可以容忍呢?孔子对季氏"八佾舞于庭"的严厉态度是很明白、很清楚的。杨氏的译语用"狠心做出来"一语翻译"忍"字,似乎未妥。忍,即是容忍,这个说法没错,但似不关乎孔子当时有没有讨伐季氏的条件和意志之事。

---

① 杨伯峻《论语译注》,北京:中华书局,1980 年,第 23 页。
② 邢昺《论语注疏》,《四部要籍注疏丛刊》,北京:中华书局,1998 年,第 328 页。
③ 杨伯峻《论语译注》,北京:中华书局,1980 年,第 23 页。

10. 子曰："吾不与,祭,如不祭。"

此为《论语》第三篇《八佾》之第十二章。全文为:"祭如在,祭神如神在。子曰:'吾不与祭,如不祭。'"①

朱熹《论语集注》曰:"言己当祭之时,或有故,不得与,而使他人摄之,则不得致其如在之诚,故虽己祭,而此心缺然,如未尝祭也。"②

杨伯峻《论语译注》谓:"孔子又说:'我若是不能亲自参加祭祀,是不请别人代理的。'"③

[按]　朱氏的句读"吾不与,祭,如不祭"是对的。别人的句读或为"祭"字属上读,或为属下读,均未妥。关键就在于中间一个"祭"字单读,各种问题就都解决了。杨氏将"祭"字属上读,又将下句意译为"是不请别人代理的",均欠妥。

---

① 　杨伯峻《论语译注》,北京:中华书局,1980 年,第 27 页。

② 　朱熹《论语集注》,《四部要籍注疏丛刊》,北京:中华书局,1998 年,第 510 页。

③ 　杨伯峻《论语译注》,北京:中华书局,1980 年,第 27 页。

11. 管氏有三归。

此为《论语》第三篇《八佾》之第二十二章。前半章为："子曰：'管仲之器小哉！'或曰：'管仲俭乎？'曰：'管氏有三归，官事不摄，焉得俭？'"①

程树德《论语集释》云：

《集解》：包曰："……三归者，取三姓女也。妇人谓嫁曰归。……"

[唐以前古注] 皇《疏》：礼，诸侯一娶三国九女，以一大国为正夫人，正夫人之兄弟女一人，又夫人之妹一人，谓之姪娣，随夫人来为妾。又二小国之女来为媵，媵亦有姪娣自随。既每国三人，三国故九人也。大夫婚不越境，但一国娶三女，以一为正室，二人姪娣从为妾也。管仲是齐大夫，而一娶三国九人，故云有三归也。

《集注》：三归，台名。事见《说苑》。

[别解一] 梁玉绳《瞥记》：三归，《注》《疏》及《史记·礼书》、《汉书·地理志》、《战国策·周策》皆以为三姓女，惟朱子从《说苑》以为台名。瞿灏以管氏本书《轻重篇》证之，三归特一地名，盖其地以归之不归而名之也。本公家地，桓公赐以为采邑耳。按《晏子春秋·杂下篇》：晏子相景公，老，辞邑。公曰："先君桓公有管仲，身老，赏之以三归，泽及子孙。今欲为夫子三归，泽及子孙，岂不可哉？"又《韩子·外储右下》及《难二》：管子相齐，曰："臣贵矣，然而臣贫。"桓公曰："使子

---

① 杨伯峻《论语译注》，北京：中华书局，1980 年，第 31 页。

有三归之家。"据此,则为地名者近之。《史记》公孙弘曰:"管仲相齐有三归,侈拟于君。"亦是言其侈富也。

……

[别解二]《群经平议》:就妇人言之谓之归,自管仲言之当谓之娶,乃诸书多言三归,无言三娶者。且如其说,亦是不知礼之事,而非不俭之事。则其说非也。朱《注》据《说苑》"管仲筑三归之台以自伤与民",故以三归为台名。然管仲筑台之事不见于他书。《战国策·周策》曰:"宋君夺民时以为台,而民非之,无忠臣以掩盖之也。子罕释相为司空,民非子罕而善其君。齐桓公宫中七市,女闾七百,国人非之。管仲故为三归之家以掩桓公,非自伤于民也。"《说苑》所谓"自伤于民"者疑即本此。涉上文子罕事而误为筑台耳。古事若此者往往有之,未足据也。然则三归当作何解?《韩非子·外储说篇》曰:管仲相齐,曰:"臣贵矣,然而臣贫。"桓公曰:"使子有三归之家。"一曰管仲父出,朱盖青衣,置鼓而归,庭有陈鼎,家有三归。《韩非子》先秦古书,足可依据。先云"置鼓而归",后云"家有三归",是所谓归者,即以管仲言,谓管仲自朝而归,其家有三处也。家有三处,则钟鼓帷帐不移而具从可知矣。故足见其奢。且美女之充下陈者亦必三处如一,故足为女闾七百分谤,而娶三姓之说亦或从此出也。《晏子春秋·杂篇》曰:"昔吾先君桓公有管仲,恤劳齐国,身老,赏之以三归,泽及子孙。"是又以三归为桓公所赐,盖犹汉世赐甲第一区之比。赏之以三归,犹云赏之以甲第三区耳。故因晏子辞邑而景公举此事以止之也。其赏之在身老之后,则娶三姓女之说可知其非矣。近人或因此谓三归是邑名,则又不然。若是邑名,不得云"使子有三归之家",亦不得云"家有三归"也。合诸书参之,三归之义可见。下云"官事不摄",亦即承此而言。管仲家有三处,一处有一处之官,不相兼摄,是谓官事不摄。

但谓家臣具官，犹未见其奢矣。

......

[别解三] 包慎言《温故录》：《韩非子》：管仲相齐，曰："臣贵矣，然而臣贫。"桓公曰："使子有三归之家。"孔子闻之曰："泰侈逼上。"《汉书·公孙弘传》："管仲相桓公有三归，侈拟于君。"《礼乐志》云："陪臣管仲、季氏三归《雍》彻，八佾舞庭。"由此数文推之，三归当为僭侈之事。古"归"与"馈"通。《公羊专注》引逸《礼》云："天子四祭四荐，诸侯三祭三荐，大夫士再祭再荐。"又云："天子诸侯卿大夫牛羊豕凡三牲曰大牢，天子元士、诸侯之卿大夫羊豕凡二牲曰少牢，诸侯之士特豕。"然则三归云者，其以三牲献与？故班氏与季氏之舞佾歌《雍》同称。《晏子春秋·内篇》：公曰："昔先君桓公以管子为有功，邑狐与榖，以共宗庙之鲜，赐其忠臣。今子忠臣也，寡人请赐二州。"辞曰："管子有一美，婴不如也；有一恶，婴弗忍为也。"云宗庙养鲜，终辞而不受。《外篇》又云：晏子老，辞邑。公曰："桓公与管仲狐与榖以为赏邑。昔吾先君桓公有管仲，恤劳齐国，身老，赏之以三归，泽及子孙。今夫子亦相寡人，欲为夫子三归，泽至子孙。"合观《内》、《外篇》所云，则三归亦出于桓公所赐。《内篇》言以共宗庙之鲜，而《外篇》言赏以三归，则三归为以三牲献无疑。晏子以三归为管仲之一恶，亦为其侈拟于君。

......

[别解四] 武亿《群经义证》：台为府库之属，古以藏泉布。《史记·周本纪》："散鹿台之泉。"《管子·三至篇》："请散棧台之钱，散诸城阳。鹿台之布，散诸济阴。"是齐旧有二台，以为贮藏之所。《韩非子》："管仲相齐"云云，以三归对贫言，则归台即府库别名矣。《泉志》载布文有"齐归化"三字，疑为三归所敛之货。又《晏子春秋·内篇》云："管仲恤劳齐

国,身老,赏之以三归,泽及子孙。"又一证也。《论语发微》:三归,台名,古藏货财之所。聚敛即是不俭,若取三姓女,则桓公安得赏之? 黄氏《后案》:《国策·周策》:"齐桓公宫中七市,女闾七百,国人非之。管仲故为三归之家以掩桓公,非自伤于民也。"包《注》据之。《说苑·善说篇》:"桓公疑政归管仲,管仲筑三归之台以自伤于民。"朱子《注》据之。家东发先生曰:"台以处三归之妇人,故名。"杭董浦云:"古昏礼有筑台以迎女之事。《诗》卫宣公筑新台娶齐女,《左传》鲁庄公筑台临党氏娶孟任。"是合二注为一事也。武虚谷曰:"台为府库之属,古以藏泉布。"《史记·周本纪》"散鹿台之泉",《说文解字·通论》"武王散鹿台之钱"是也。《管子·三至篇》:"请散栈台之钱散诸城阳,鹿台之布散诸济阴。"是齐国旧有二台以为贮藏之所也。《韩非子》管仲相齐,曰:"臣贵矣,然而臣贫。"桓公曰:"使子有三归之家。"《晏子春秋》:"管仲恤劳齐国,身老,赏之以三归,泽及子孙。"皆其据也。①

杨伯峻《论语译注》言:

> 郭嵩焘《养知书屋文集》卷一《释三归》云:"此盖《管子》九府轻重之法,当就《管子》书求之。"《山至数篇》曰:"则民之三有归于上矣。"三归之名,实本于此。是所谓三归者,市租之常例之归之公者也。桓公既霸,遂以赏管仲。《汉书·地理志》、《食货志》并云,桓公用管仲设轻重以富民,身在陪臣,而取三归。其言较然明显。《韩非子》云:"使子有三归之家",《说苑》作"赏之市租"。三归之为市租,汉世儒者犹能明之,

---

① 程树德《论语集释》,《四部要籍注疏丛刊》,北京:中华书局,1998年,第1263—1266页。

此一证也。《晏子春秋》辞三归之赏,而云厚受赏以伤国民之义,其取之民无疑也,此又一证也。这一说法很有道理。我还再举两个间接证据。(甲)《战国策》一说:"齐桓公宫中七市,女闾七百,国人非之。管仲故为三归之家以掩桓公,非自伤于民也。"似亦以三归为市租。(乙)《三国志·魏志·武帝纪》建安十五年令曰:"若必廉士而后可用,则齐桓其何以霸?"亦以管仲不是清廉之士,当指三归。①

[按] 《集解》引包氏之说是对的。三归即娶三姓女。这从第三者即引文者的角度讲是对的。朱氏《集注》谓三归乃台名,或许单看不错,但拿来解"管氏有三归",就错了。翟氏以《管子·轻重篇》证为地名,也是错的。"管氏有三归",是指娶三姓女,非指地名而言。《史记·礼书》、《汉书·地理志》、《战国策·周策》皆以为三姓女,是有根据的。《群经平议》引《战国策·国策》谓:"管仲故为三归之家以掩桓说",又引《韩非子》"家有三归"说,都指三归为娶三姓女,是对的。包慎言《温故录》引文谓三归为三牲,义稍迂曲。武亿《群经义疏》以三归为藏货财之所,乃为又一解。杨氏《译注》引郭氏说,谓三归之名实本于《管子·山至数篇》"则民之三有归于上矣",是又一新解。如果照此下去,以后还会产生别的新解。但据《论语》原文而论,似乎《集解》之说几乎总是对的,难以推翻。

---

① 杨伯峻《论语译注》,北京:中华书局,1980 年,第 32 页。

12. 仪封人请见。……出曰："二三子何患于丧乎？天下之无道也久矣，天将以夫子为木铎。"

此为《论语》第三篇《八佾》之第二十四章。全文为："仪封人请见，曰：'君子之至于斯也，吾未尝不得见也。'从者见之。出曰：'二三子何患于丧乎？天下之无道也久矣，天将以夫子为木铎。'"①

正平本《论语集解》云："孔安国曰：'语诸弟子，言何患于夫子圣德之将丧亡耶，天下之无道已久矣，极衰必有盛也。'"②

杨伯峻《论语译注》说："他辞出以后，对孔子的学生们说：'你们这些人为什么着急没有官位呢？天下黑暗日子也长久了，[圣人也该有得意的时候了，]上天会要把他老人家做人民的导师哩。'"③

[按]　这是孔子第一次去鲁司寇而前往卫国时发生的事情④。当时孔子在寻求支持，跟随他的弟子们心情沉重，根本无暇考虑自己的前途，最为关心的事情就是孔子的去就问题。因此，这里的"二三子何患于丧乎"，只能是"患于夫子圣德之将丧亡"，不可能自己"着急没有官位"。可见，何氏的解释是有道理的，而杨

---

① 杨伯峻《论语译注》，北京：中华书局，1980 年，第 32—33 页。

② 正平本《论语集解》，《四部要籍注疏丛刊》，北京：中华书局，1998年，第 13 页。

③ 杨伯峻《论语译注》，北京：中华书局，1980 年，第 33 页。

④ 参见正平本《论语集解》，《四部要籍注疏丛刊》，北京：中华书局，1998 年，第 1273 页。

氏的说法不可取。程氏《集释》:"《论语稽》:夫子去鲁司寇而适卫,入疆之初,故封人得请见。《书·胤征》曰:'每岁孟春,遒人以木铎徇于路。'封人所言,盖即所掌封疆之事,以喻夫子之不得安于位者,如木铎之徇道路以为教诲也。丧者,出亡在外之名。封人之言即告通辞以见之从者,然则此封人者,其所见固非常人可及,而夫子一见之,遽致其推许如是,其德容之盛亦迥出言思拟外矣。"①

---

① 程树德《论语集释》,《四部要籍注疏丛刊》,北京:中华书局,1998年,第1275页。

13. 子曰:"富与贵,是人之所欲也;不以其 道得之,不处也。贫与贱,是人之所恶 也;不以其道得之,不去也。……。"

此为《论语》第四篇《里仁》之第五章,全文为:"子曰:'富与贵,是人之所欲也;不以其道得之,不处也。贫与贱,是人之所恶也;不以其道得之,不去也。君子去仁,恶乎成名?君子无终食之间违仁,造次必于是,颠沛必于是。'"①

朱熹《论语集注》云:"'不以其道得之',谓不当得而得之。然于富贵则不处,于贫贱则不去,君子之审富贵而安贫贱也如此。"②

杨伯峻《论语译注》说:"发大财,做大官,这是人人所盼望的;不用正当的方法去得到它,君子不接受。穷困和下贱,这是人人所厌恶的;不用正当的方法去抛掉它,君子不摆脱。"并谓:"'富与贵'可以说'得之','贫与贱'却不是人人想'得之'的。这里也讲'不以其道得之','得之'应该改为'去之'。"③

[按] 朱氏的解释是对的。面对人们"所欲"的富贵与"所恶"的贫贱,君子所持态度却是倘"不以其道得之",对于"富与贵"则"不处",对于"贫与贱"则"不去",亦所谓君子审富贵而安贫贱也。程氏《集释》云:"《论语意原》:……两言不以其道得之,初无二意。若曰富贵固人之所欲,不以其道而有得焉,得则可富贵矣,

---

① 杨伯峻《论语译注》,北京:中华书局,1980 年,第 36 页。
② 朱熹《论语集注》,《四部要籍注疏丛刊》,北京:中华书局,1998 年,第 518 页。
③ 杨伯峻《论语译注》,北京:中华书局,1980 年,第 36 页。

然君子不处此富贵也。贫贱固人之所恶,不以其道而有得焉,则不贫贱矣,然君子不去此贫贱也。以富贵贫贱反覆见意,欲人人知此理,是以互言之也。"①杨氏不明白这些道理,按照一般人的态度去理解,无法解释第二句,"不以其道得之",生出"'得之'应该改为'去之'"的想法,是错误的。

① 程树德《论语集释》,《四部要籍注疏丛刊》,北京:中华书局,1998年,第1287页。

14. 子曰:"君子之于天下也,无适也,无莫也,义之与比。"

此为《论语》第四篇《里仁》之第十章。①

程树德《论语集释》曰:"《群经平议》:《释文》曰:'适,郑本作敌,莫,郑音慕,无所贪慕也。'此章大旨郑读得之。敌之言相当也,相当则有相触迕之义,故《方言》曰:'适,牾也。'郭璞注曰:相触迕也。无适之适当从此义。言君子之于天下无所适牾,无所贪慕,惟义是亲而已。"②

杨伯峻《论语译注》说:"君子对于天下的事情,没规定要怎样干,也没规定不要怎样干,只要怎样干合理恰当,便怎样干。"③

[**按**] 程氏的说法源自郑玄,可取。"适牾",今作"抵牾"。"莫"即"贪慕"。"义之与比",解释为"惟义是亲而已",最为合宜。杨氏的翻译过于口语化,不切题。

---

① 杨伯峻《论语译注》,北京:中华书局,1980 年,第 37 页。

② 程树德《论语集释》,《四部要籍注疏丛刊》,北京:中华书局,1998 年,第 1302 页。

③ 杨伯峻《论语译注》,北京:中华书局,1980 年,第 37 页。

15. 子曰:"事父母几谏,见志不从,又敬不违,劳而不怨。"

此为《论语》第四篇《里仁》之第十八章。①

正平本《论语集解》云:"苞氏曰:'见志者,见父母志有不从己谏之色,则又当恭敬,不敢违父母意而逊己谏也。'"②

杨伯峻《论语译注》说:"侍奉父母,[如果他们有不对的地方,]得轻微婉转地劝止,看到自己的心意没有被听从,仍然恭敬地不能犯他们,虽然忧愁,但不怨恨。"③

[按] "见志不从"一句,当依何氏所引苞氏曰"见父母志有不从己谏之色"作解,不当依杨氏"看到自己的心意没有被听从"作解。本文四句,前两句讲父母,后两句讲自己,这样是对的。倘依照杨氏解,第一句讲父母,以后三句都讲自己,显然是不对的。那样,"事父母几谏","几谏"之后父母的态度如何,便不清楚。只有将第二句"见志不从"也归于讲父母,这样父母在几谏之后的态度才有交代。因此"见志不从",只能按何氏所引苞氏解那样,作为讲父母的句子是对的,不能像杨氏那样,算作讲自己的句子。

---

① 杨伯峻《论语译注》,北京:中华书局,1980年,第40页。
② 正平本《论语集解》,《四部要籍注疏丛刊》,北京:中华书局,1998年,第185页。
③ 杨伯峻《论语译注》,北京:中华书局,1980年,第40页。

16. 无所取材

此为《论语》第五篇《公冶长》之第七章。全文为："子曰：'道不行，乘桴浮于海。从我者，其由与？'子路闻之喜。子曰：'由也好勇过我，无所取材。'"①

正平本《论语集解》云："郑玄曰：'子路信夫子欲行，故言好勇过我也。无所取材者，言无所取桴材也。以子路不解微言，故戏之耳也。'"②

杨伯峻《论语译注》借用何氏《集解》另一说，谓"材"同"哉"。翻译道："仲由这个人太好勇敢了，好勇的精神大大超过了我，这就没有什么可取的呀！"③

[按] 何氏利用郑玄说，不以"材"为"哉"的借字是对的。皇氏《义疏》："又一家云：'孔子为道不行，为譬言我道之不行，如乘小桴入于巨海，终无济理也。非唯我独如此，凡门徒从我者道皆不行，亦并由我故也。'子路闻我道由，便谓由是其名，故便喜也。孔子不欲指斥其不解微旨，故微戏曰：'汝好勇过我，我无所更取桴材'也。"④可见杨氏借用旧说，解"材"为"哉"的借字，未妥。

---

① 杨伯峻《论语译注》，北京：中华书局，1980 年，第 43—44 页。

② 正平本《论语集解》，《四部要籍注疏丛刊》，北京：中华书局，1998年，第 17—18 页。

③ 杨伯峻《论语译注》，北京：中华书局，1980 年，第 44 页。

④ 皇侃《论语义疏》，《四部要籍注疏丛刊》，北京：中华书局，1998 年，第 188 页。

17. 子谓子贡曰："女与回也孰愈？"对曰："赐也何敢望回？回也闻一以知十，赐也闻一以知二。"子曰："弗如也；吾与女弗如也。"

此为《论语》第五篇《公冶长》之第九章。①

正平本《论语集解》云："苞氏曰：'既然子贡弗如，复云吾与汝俱不如者，言欲以慰子贡心也。'"②

杨伯峻《论语译注》说："孔子道：'赶不上他；我同意你的话，是赶不上他。'"并谓："与——动词，同意，赞同。这里不应该看作连词。"③

[按] 何氏所引苞氏解是对的，即"复云吾与汝俱不如者，盖欲以慰子贡心也"。这里既体现了孔子高出子贡的实际情况，又体现了他对子贡的安慰。这种情况与当时孔子与子贡的对话场面是相符的。杨氏的解说注意到了孔子高出子贡的情况，但却忽视了他对子贡的宽慰之心，实际上是错误的，不可从。

① 杨伯峻《论语译注》，北京：中华书局，1980年，第45页。
② 正平本《论语集解》，《四部要籍注疏丛刊》，北京：中华书局，1998年，第18页。
③ 杨伯峻《论吾译注》，北京：中华书局，1980年，第45页。

18. 颜渊曰:"愿无伐善,无施劳。"

　　此为《论语》第五篇《公冶长》之第二十六章。全文为:"颜渊、季路侍。子曰:'盍各言尔志?'子路曰:'愿车马衣轻裘,与朋友共敝之而无憾。'颜渊曰:'愿无伐善,无施劳。'子路曰:'愿闻子之志。'子曰:'老者安之,朋友信之,少者怀之。'"①

　　正平本《论语集解》云:"孔安国曰:'无以劳事置施于人也。'"②皇侃《论语义疏》云:"愿不施劳役之事于天下也。"③

　　杨伯峻《论语译注》说:"颜渊道,'愿意不夸耀自己的好处,不表白自己的功劳'。"④

　　[按]　何氏《集解》将"愿无伐善"一句归于颜氏自己,将"无施劳"一句归于天下,这样似乎合理。杨氏将两句皆归于颜氏自己,而且将此处"施劳"之"施"解释为表白,似乎不可取。程氏《集释》:"《四书辨疑》:伐善之善,乃其凡己所长之总称。伐忠、伐直、伐力、伐功、伐才、伐艺,通谓之伐善。今乃单指善为能人,解施劳为伐功,恐皆未当。既言无伐善,又言无伐功,止是不伐之一事,分之为二,颜子之志,亦岂别无可道邪? 或曰之说,于义为顺。但说得劳字事轻,亦不见其志之远大也。盖无施劳者,不以劳苦之事加于民也。夫劳民不卹,乃古今之通患。桀、纣、幽、厉之事,且置

────────────

①　杨伯峻《论语译注》,北京:中华书局,1980 年,第 52 页。
②　正平本《论语集解》,《四部要籍注疏丛刊》,北京:中华书局,1998 年,第 21 页。
③　皇侃《论语义疏》,《四部要籍注疏丛刊》,北京:中华书局,1998 年,第 194 页。
④　杨伯峻《论语译注》,北京:中华书局,1980 年,第 53 页。

勿论,请以近代易知者言之,秦始皇、隋炀帝之世,劳民之事无所不至,四民废业,人不聊生,死者相枕藉于道路,于是盗贼群起,天下大乱,生民荼毒,何可胜言? 由其施劳于民之所致也。颜子之言,于世厚矣。愿无施劳,安人之志也。既无伐善,又无施劳,内以修己,外以安人,成己成物之道不偏废也。若两句之意皆为不伐,其志止于成己,而无及物之道,既偏且隘,不足以为颜子之志。养之以安,恩已在其中矣,不可再言怀之以恩也。况恩宜善遍,非可专施于少者,老者亦当及之也。前说全言夫子作为,后说全言人从夫子之化。言一说既无前说数者之病,又其道理自然,气象广大,与'近者悦,远者来','绥之斯来,动之斯和'义同,后说为是。"①

---

① 程树德《论语集释》,《四部要籍注疏丛刊》,北京:中华书局,1998年,第1410—1411页。

19. 吾闻之也：君子周急不继富。

此为《论语》第六篇《雍也》之第四章。全文为："子华使于齐，冉子为其母请粟。子曰：'与之釜。'请益。曰：'与之庾。'冉子与之粟五秉。子曰：'赤之适齐也，乘肥马，衣轻裘。吾闻之也：君子周急不继富。'"①

邢昺《论语注疏》云："吾尝闻之，君子当周救人之穷急，不继接于富有。"②朱熹《论语集注》云："周者，补不足。继者，续有余。"③

杨伯峻《论语译注》说："我听说过：君子只是雪里送炭，不去锦上添花。"④

［按］　"君子周急不继富"，倘解作"君子当周救人之穷急，不继接于富有"；或按"周者，补不足。继者，续有余"作解，均比较实在、清楚。倘解作"我听说过：君子只是雪里送炭，不去锦上添花"，则不实在，不清楚，徒有点花里胡哨的感觉。

---

① 杨伯峻《论语译注》，北京：中华书局，1980 年，第 55 页。
② 邢昺《论语注疏》，《四部要籍注疏丛刊》，北京：中华书局，1998 年，第 355 页。
③ 朱熹《论语集注》，《四部要籍注疏丛刊》，北京：中华书局，1998 年，第 538 页。
④ 杨伯峻《论语译注》，北京：中华书局，1980 年，第 56 页。

20.　子曰："力不足者,中道而废。今女画。"

此为《论语》第六篇《雍也》之第十二章。全文为："冉求曰：
'非不说子之道,力不足也。'"子曰："力不足者,中道而废。今
女画。"①

朱熹：《论语集注》曰："力不足者,欲进而不能。画者,能进而
不欲。谓之画者,如画地以自限也。"②

杨伯峻《论语译注》说："如果真是力量不够,走到半道会再走
不动了。现在你却没有开步走。"③

[按]　程氏《集释》云："张栻《论语解》：'为仁未有力不足
者、故仁以为己任者,死而后已焉。'今冉求患力之不足,非力之不
足也。乃自画耳。所谓中道而废者,如行半途而足废者也。士之
学圣人,不幸而死则已矣,此则可言力不足也。不然,而或止焉,则
皆为自画耳。画者,非有以止之,而自不肯前也。"④故朱氏曰："谓
之画者,如画地以自限也。"最为妥当。杨氏说："现在你却没有开
步走。"虽然可以这么说,但却不够好。

---

①　杨伯峻《论语译注》,北京：中华书局,1980 年,第 59 页。
②　朱熹《论语集注》,《四部要籍注疏丛刊》,北京：中华书局,1998 年,
第 541 页。
③　杨伯峻《论语译注》,北京：中华书局,1980 年,第 59 页。
④　程树德《论语集释》,《四部要籍注疏丛刊》,北京：中华书局,1998
年,第 1442 页。

21. 子曰:"中人以上,可以语上也;中人以下,不可以语上也。"

此为《论语》第六篇《雍也》之第二十一章。①

正平本《论语集解》云:"王肃曰:'上谓上知之所知也。两举中人,以其可上可下也。'"②

杨伯峻《论语译注》说:"中等水平以上的人,可以告诉他高深学问;中等水平以下的人,不可以告诉他高深学问。"③

[按]　这里的上、中、下,是指将人们分为上、中、下三个类型,所指范围甚为宽广。杨氏将其中的"上"仅指为"高深学问",所指似乎过于狭窄,不足以概括各个方面的"上"。还是依照何氏旧注,解为"上知(智)之所知也"为妥。朱氏《集注》:"张敬夫曰:'圣人之道精粗虽无二致,但其施教则必因其材而笃焉。盖中人以下之质,骤而语之,太高,非惟不能以入,且将妄意躐等而有不切于身之弊,亦终于下而已矣。故就其所及而语之,是乃所以使之切问近思,而渐进于高远也。'"④

① 杨伯峻《论语译注》,北京:中华书局,1980年,第61页。
② 正平本《论语集解》,《四部要籍注疏丛刊》,北京:中华书局,1998年,第24页。
③ 杨伯峻《论语译注》,北京:中华书局,1980年,第61页。
④ 朱熹《论语集注》,《四部要籍注疏丛刊》,北京:中华书局,1998年,第544页。

22. 窃比于我老彭

此为《论语》第七篇《述而》之第一章。全文为："子曰：'述而不作，信而好古，窃比于我老彭。'"①

正平本《论语集解》云："苞氏曰：'老彭，殷贤大夫也。好述古事，我若老彭矣。但述之耳也。'"②皇侃《论语义疏》云："老彭，彭祖也。年八百岁，故曰老彭也。老彭亦有德无位，但述而不作，信而好古。孔子欲自比之而谦，不敢灼然，故曰窃比也。"③

《经典释文》引郑玄《论语注》云："老，老聃；彭，彭祖。"④

[按]　苞氏解为"老彭，殷贤大夫也"，是对的。为什么称彭祖要加"老"字呢？皇侃认为彭祖"年八百岁，故曰老彭也"，这样的解释也是合乎情理的。因此，历代大多数学者都这样解释。郑玄解为"老，老聃；彭，彭祖"，大概是怀疑孔子时代"老"字有无这种加在姓字上表示"年老的"用法。笔者认为，皇侃的解释是对的，因其年纪八百多岁，与众人不同，故加"老"字称为"老彭"，这也是合乎情理的。如其所说，"老彭亦有德无位，但述而不作，信而好古"，可见与孔子的情形大致相近，故如此比况称呼。再者，孔子讲述自己"述而不作，信而好古"这件事情时，关键在于借用古老相仿这一特征，而年纪八百多岁的老彭正好满足这一特征，无须再

① 　杨伯峻《论语译注》，北京：中华书局，1980 年，第 66 页。

② 　正平本《论语集解》，《四部要籍注疏丛刊》，北京：中华书局，1998 年，第 27 页。

③ 　皇侃《论语义疏》，《四部要籍注疏丛刊》，北京：中华书局，1998 年，第 203 页。

④ 　陆德明《经典释文》，上海：上海古籍出版社，1985 年，第 1362 页。

增加其他角色。因此,在这种地方只能以彭祖一人当之即可,不便见两人之用。程氏《集释》:"吴昌宗《经注集证》:注言老彭不一。包咸曰:'商贤大夫即彭祖也。'王肃曰:'老,老聃。彭,彭祖也。'邢昺曰:'一云即老子。'所据者,《世本》、《史记》也。《世本》云:'姓篯名铿,在商为守藏史,在周为柱下史。'《史记》云:'周守藏室之史也。'又曰:'老子为柱下史。'老彭、老子,非一人而何?考诸经传无彭祖述古之文,而夫子答曾子问,一曰'吾闻诸老聃',再曰'吾闻诸老聃',《论语》窃比之老彭,即《礼记》问礼之老聃,初非二人,断可知矣。然而应世之迹,忽然殊异,在尧时则为颛顼之玄孙,历虞夏至商末而往流沙,年八百而寿未终,史所谓'受封彭城,商末世而灭'者是也。既而复出于周世为柱下史,见周之衰,复出关往流沙,《史记》云百有六十岁,或二百岁者是也。吾夫子于述古则曰老彭,于问礼则曰老聃,一人而两称之,所以志也。此文之互见者也。"①

———————————————————————————————

　　①　程树德《论语集释》,《四部要籍注疏丛刊》,北京:中华书局,1998年,第1487页。

23. 子曰:"默而识之,学而不厌,诲人不倦, 何有于我哉?"

此为《论语》第七篇《述而》之第二章。①

邢昺《论语注疏》云:"此章仲尼言:'己不言而记识之,学古而心不厌,教诲于人不有倦息。他人无是行于我,我独有之,故曰何有于我哉?'"②

杨伯峻《论语译注》说:"[把所见所闻的]默默地记在心里,努力学习而不厌弃,教导别人而不疲倦,这些事情我做到了哪些呢?"③

[**按**] 夫子谈到"默而识之,学而不厌,诲人不倦"这类话题时,一般都不谦虚,有啥说啥。同类话题,又见于本篇第三十四章:"子曰:'若圣与仁,则吾岂敢? 抑为之不厌,诲人不倦,则可谓云尔已矣。'"④表明这类话题是孔子自己认可的,并非谦虚。因此,该章最后一句不能像杨氏那样用谦虚的口吻翻译,而应直译为:"对我来说,这些事情又有什么呢?"程氏《集释》云:"《四书辨疑》:以此章为夫子之谦,义无可取。谦其学而不厌,以为己所不能,则是自谓厌于学矣。谦其诲人不倦,以为己所不能,则是自谓倦于诲矣。既言厌学,又言倦诲,则是圣人不以勉进后学为心,而

---

① 杨伯峻《论语译注》,北京:中华书局,1980年,第66页。

② 邢昺《论语注疏》,《四部要籍注疏丛刊》,北京:中华书局,1998年,第363页。

③ 杨伯峻《论语译注》,北京:中华书局,1980年,第68页。

④ 杨伯峻《论语译注》,北京:中华书局,1980年,第76页。

无忧世之念也。下章却便说'学之不讲,是吾忧也',语意翻覆,何其如此之速耶?夫子屡曾自言'好古敏以求之者','不如丘之好学也','我叩其两端而竭焉','吾无隐乎尔',若此类者,皆以学与诲为己任,未尝谦而不居也。况又有'若圣与仁'章'抑为之不厌,诲人不倦,则可谓云尔已矣'之一段,足为明证。彼以学诲为己之所有,此以学诲为己之所无,圣人之言必不自相乖戾以至于此。於,犹如也。盖言能此三事,何有如我者哉。此与'不如丘之好学也'意最相类,皆所以勉人进学也。"①

① 程树德《论语集释》,《四部要籍注疏丛刊》,北京:中华书局,1998年,第 1491 页。

24. 子曰:"加我数年,五十以学《易》,可以无大过矣。"

此为《论语》第二篇《述而》之第十七章。①

皇侃《论语义疏》云:"此孔子重《易》,故欲令学者加功于此书也。当孔子尔时,年已四十五六,故云加我数年,五十而学《易》也。所以必五十而学《易》者,人年五十是知命之年也。《易》有大演之数五十,是穷理尽命之书,故五十而学《易》也。既学得其理,则极照精微,故身无过失也。"②

朱熹《论语集注》云:"刘聘君见元城刘忠定公自言尝读他《论》,'加'作'假','五十'作'卒'。盖'加'、'假'声相近而误读,'卒'与'五十'字相似而误分也。愚按:此章之言,《史记》作'假我数年,若是我于《易》,则彬彬矣'。'加'正作'假',而无'五十'字。盖是时孔子年已几七十矣,'五十'字误无疑也。"③

[按] 此章与《史记》所言"假我数年"一段,可能属于不同篇次的两章,因为两章内容相差太大,所讲不是一回事。至于朱注所谓元城刘忠定公自言尝读他《论》,"五十"作"卒"。或有其事,概属于"五十"而误作之者。此篇作"五十",不误。皇注所论"所以必五十而学《易》者"云云,甚详。《论语》此处所论与《易》大衍之

---

① 杨伯峻《论语译注》,北京:中华书局,1980 年,第 71 页。

② 皇侃《论语义疏》《四部要籍注疏丛刊》,北京:中华书局,1998 年,第 207 页。

③ 朱熹《论语集注》《四部要籍注疏丛刊》,北京:中华书局,1998 年,第 555 页。

数五十一致，不误也。程氏《集释》云："《论语足征记》：《史记·世家》：'孔子年四十三，而季氏强僭，其臣阳货作乱专政，故孔子不仕，而退修《诗》《书》《礼》《乐》。弟子弥众。'其言正足与此章及下《雅言章》相证明。口授弟子，故须言；修而理之，故其言须雅。方以《诗》《书》执礼为事，故未暇学《易》，而学《易》必俟之年五十也。人之寿数不可豫知，故言'加我数年'。数年者，自四十三至五十也。《集解》曰：'《易》穷理尽性以至于命，年五十而知天命，以知命之年读至命之书，故可以无大过。'此言甚为胶固。五十而知天命乃孔子七十后追述之辞，穷理尽性以至于命亦晚年赞《易》之辞，未至五十，焉知是年知命？又焉知他年赞《易》有至命之言耶？《集注》言刘聘君见元城刘忠宣公自言尝读他《论》，'加'作'假'，'五十'作'卒'。'卒'与'五十'相似而误分。信北宋之异本，而改自唐以前相传之古经，所谓郢书燕说矣。其云是时孔子年已几七十矣，特据《世家》，赞《易》在六十八岁之后耳。毛奇龄《稽求篇》曰：'经曰学《易》，而《注》以赞《易》当之，将谓赞《易》以前夫子必不当学《易》耶？'此言是也。《论语稽》：此孔子四十二岁以后，自齐返鲁，退修《诗》《书》《礼》《乐》时语也。盖《诗》《书》《礼》《乐》之修，非数年之功不可。因《诗》《书》《礼》《乐》而思及《易》，情之常也。方修《诗》《书》《礼》《乐》而未暇及《易》，理之常也。彼曰修而此曰学，自人言之则曰修，自夫子自言则谦之曰学也。或难之曰：四十以后未为老，乃言加我数年，若唯恐年尽然，何也？曰：'加'作'假'，则似乎恐年之尽矣。今依本义解之。若曰加数年之期至五十岁，我于《诗》《书》《礼》《乐》已卒业，于以学《易》，则更有以明乎吉凶消长之理，而可以无大过矣云云。何疑之有？"[1]

---

[1]　程树德《论语集释》，《四部要籍注疏丛刊》，北京：中华书局，1998年，第 1525 页。

25. 互乡难与言童子见，门人惑。子曰："与其进也，不与其退也，唯何甚？人洁己以进，与其洁也，不保其往也。"

此为《论语》第七篇《述而》之第二十九章。①

皇侃《论语义疏》引又一说云："琳公曰：'此八字通为一句，言此乡有一童子难与言耳，非一乡皆专恶也。'"②

杨伯峻《论语译注》说："互乡这地方的人难于交谈，一个童子得到孔子的接见，弟子们疑惑。孔子道：'我们赞成他的进步，不赞成他的退步，何必做得太过？别人把自己弄得干干净净而来，便应当赞成他的干净，不要死记住他那过去。'"③

[按] 皇氏又一说引琳公曰谓"此八字通为一句"，所说甚是。以下所引孔子曰全是关于童子一人之事，可反证前此八字当为一句，"难与言"三字是指童子一人，非指"互乡"而言。杨氏根据旧注一般看法，将此三字归于"互乡"，在"言"字之下断句，显然与孔子原意不符合，是错误的。"与其进也，不与其退也"，说明"童子"现在与我们相见是"进也"。其"难与言"是"退也"。"人洁己以进，与其洁也，不保其往也。"说明"童子"现在来见我们是进步，我们不要记住他的过去，即"往也"，指"难与言"。由此可知，琳公的意见是正确的。

---

① 杨伯峻《论语译注》，北京：中华书局，1980 年，第 74 页。

② 皇侃《论语义疏》，《四部要籍注疏丛刊》，北京：中华书局，1998 年，第 209 页。

③ 杨伯峻《论语译注》，北京：中华书局，1980 年，第 74 页。

26. 文莫，吾犹人也。

此为《论语》第七篇《述而》之第三十三章。全文为："子曰：'文莫，吾犹人也。躬行君子，则吾未之有得。'"①

杨慎《丹铅总录》云："栾肇《论语驳》云：'燕、齐谓勉强为文莫。'"②

正平本《论语集解》云："莫，无也。文无者，犹俗言文不也。文不吾犹人也者，言凡文皆不胜于人也。"③

[**按**] 何氏所解"文莫"为"文无"，"文无"犹俗言"文不"，"文不"言凡文皆不胜于人之类，似乎过于牵强附会。还有人将"文"、"莫"二字分开，读为"文，莫吾犹人也"。将"文"字解为"文章"，"莫"解为"大约"，亦颇生硬。杨慎引栾肇说谓"勉强为文莫"，其说可从。程氏《集释》曰："又《方言》曰：'侔莫，强也。北燕之外郊凡劳而相勉，若言努力者，谓之侔莫。'案《说文》：'忞，强也。慐，勉也。''忞'读若旻，'文莫'即'忞慐'假借字也。《广雅》亦云：'文、勉也。'黾勉，密勿、蠠没、文莫皆一声之转。"④这样，"文莫，吾犹人也"，即"勉强，吾犹人也"，与下文相接，文义通吸。

---

① 杨伯峻《论语译注》，北京：中华书局，1980 年，第 76 页。
② 杨慎《丹铅总录》，台湾：商务印书馆，1983 年，《四库全书》第八五五册，第 520 页。
③ 正平本《论语集解》，《四部要籍注疏丛刊》，北京：中华书局，1998 年，第 31 页。
④ 程树德《论语集释》，《四部要籍注疏丛刊》，北京：中华书局，1998 年，第 1553 页。

27. 子曰：“民可使由之，不可使知之。”

此为《论语》第八篇《泰伯》之第九章。①

正平本《论语集解》云：“由，用也。可使用而不可使知者，百姓能日用而不能知也。”②

郑玄《论语》注云：“由，从也。言王者设教，务使人从之，若皆知其本末，则愚者或轻而不行。”③

[按]　在何氏看来，孔子讲这两句话的背景是从百姓的习惯和有限的理解能力出发，主动权在受事者“民”一边，隐然而在的主事者对民的习惯和有限的理解能力有点无可奈何，“民”的“由”与“知”是由“民”自身的状态决定的。因此他认为孔子的意思是说，百姓对许多教令能够日用，而不能够知其所以然。显然，根据何氏的诠释来理解，孔子的这两句话只是表现了一种体认民众的习惯和有限的理解能力的现实观点。宋代邢昺同意这种看法，故进一步解释百姓能日用而不能知的原因是：“圣人之道深远，人不易知也。”④且在郑氏看来，孔子讲这两句话的背景是“王者设教”，主动权操在主事者“王者”手里，受事者“民”完全处于被动状态，“民”的“由”与“知”是由“王者”决定的。因此，主张王者应该使民由之，而不应该使民知之。显然这是愚民主义思想。前一种看

---

① 杨伯峻《论语译注》，北京：中华书局，1980 年，第 81 页。

② 正平本《论语集解》，《四部要籍注疏丛刊》，北京：中华书局，1998 年，第 33 页。

③ 范晔《后汉书》，北京：中华书局，1965 年，第 2705 页。

④ 邢昺《论语注疏》，《四部要籍注疏丛刊》，北京：中华书局，1998 年，第 374 页。

法无损于孔子的形象,后一种看法却是对孔子的"圣人"地位的严峻挑战。人们当然要怀疑:一个主张愚民主义的人究竟能不能被称为圣人? 在中国,由于汉代以来历代统治阶级的相继推崇和褒封,孔子的圣人形象影响深远,那么对世界其他各国来说,特别是东亚文化圈以外的世界各国来说,如果有人认真涉及这个问题,同时又受到中国郑氏看法的影响,那么对孔子的圣人地位可能就会提出异议。因此,对《泰伯》篇的解释,已经不是一个一般的古籍诠释问题,它直接关系到孔子的形象、地位,更关系到对中国历史和传统文化的评价。因此,这两句话是否反映了愚民思想,即历代学者的两种看法孰对孰错,就成了问题的关键所在。为了有助于彻底弄清楚这个问题,我们不妨全面地考察一下与此有关的孔子的情况和言行。

第一,我们知道,孔子祖先原为春秋时宋国贵族,曾祖父时宋国发生内乱,他们遭强人威逼,流难到鲁国,孔子的父亲叔梁纥曾做过鲁国地方上的小官。孔子幼年丧父,孤儿寡母,过着贫贱的生活。故曰:"吾少也贱,故多能鄙事。"[1]他自己曾做过委吏(会计)、乘田(牛羊管理者)之类的杂事,有过贫贱的同伴,了解老百姓的疾苦。只因他刻苦努力,自学成才,后来境况逐渐好转。这就是说,从他的身世和经历来看,不大会产生愚民主义思想。因为他也是从"准民"的身份中走过来的,必定知道"民"不可"愚",及不必"愚"的道理。

第二,我们知道,孔子是中国历史上第一位开门办学的人。由于他体会到人民渴望知识,才坚定地走上了私人办学的道路。他提倡"有教无类",[2]即不分贫富贵贱,不分地域远近,人人都能跟

---

① 杨伯峻《论语译注》,北京:中华书局,1980 年,第 88 页。
② 杨伯峻《论语译注》,北京:中华书局,1980 年,第 170 页。

他学习。故曰："自行束脩以上，吾未尝无诲焉。"①也就是说，像他这样热心于开门办学，以教育为终生事业的人，绝对不会搞愚民主义。相传孔子有弟子三千，贤人七十，其中不少人可能都来自平民大众。若主张愚民主义，他就不会去教育他们了。可见愚民主义只是那些阴险的政客们惯用的手段，跟品德高尚、行为世范、关注人民痛痒的孔子是搭不上边的。

第三，一部《论语》中，除理解有分歧的"民可使由之"章之外，再也找不到其他带有愚民主义意味的论述了，恰巧相反，能找到的全是孔子重视人民、体贴人民、教育人民等方面的可贵言论。如云："所重：民、食、丧、祭。"②即谓统治者须看重这四个问题，其中以"民"为首。又云："子谓子产，'有君子之道四焉：其行己也恭，其事上也敬，其养民也急，其使民也义'。"③许为"君子之道"者有四条，其中"养民"、"使民"竟占了二分之一。如此之类，均表明孔子对人民的重视。再如："子曰：'泰伯，其可谓至德也已矣。三以天下让，民无得而称焉。'"④"子贡问政。子曰：'足食，足兵，民信之矣。'"⑤如此之类，均表明孔子对民望的重视。再如："哀公问曰：'何为则民服？'孔子对曰：'举直错诸枉，则民服；举枉错诸直，则民不服。'"⑥如此之类，表明孔子清楚地认识到，老百姓有是非观念，不是可以被愚弄的。再如："子食于有丧者之侧，未尝饱也。"⑦"子见齐衰者、冕衣裳者与瞽者，见之，虽少，必作；过之，必

①　杨伯峻《论语译注》，北京：中华书局，1980 年，第 67 页。
②　杨伯峻《论语译注》，北京：中华书局，1980 年，第 209 页。
③　杨伯峻《论语译注》，北京：中华书局，1980 年，第 47—48 页。
④　杨伯峻《论语译注》，北京：中华书局，1980 年，第 78 页。
⑤　杨伯峻《论语译注》，北京：中华书局，1980 年，第 126 页。
⑥　杨伯峻《论语译注》，北京：中华书局，1980 年，第 19 页。
⑦　杨伯峻《论语译注》，北京：中华书局，1980 年，第 68 页。

趋。"①如此之类,表明孔子对人民的体贴、关怀。还有:"子曰:'道之以政,齐之以刑,民免而无耻;道之以德,齐之以礼,有耻且格。'"②如此之类,表明孔子认为人民是可以教育的,并认识到教育人民的重要性。总之,一个体贴人民,注重人民的作用、呼声及教育的思想家,是根本不会产生愚民主义思想的。因此倘按郑玄一派学者的诠释来理解,就使"民可使由之"一章成了孔子有愚民思想的孤证,没有历史根据,因而是不可信的。相反,倘依传统句读并按何晏一派学者的诠释来理解,则该章反映了一种体认民众的习惯和有限的理解能力的现实观点,与愚民思想毫不沾边。这种看法同孔子的身世、经历、终生事业及其他相关言行都比较切合,因而是可信的。

其实本章的句读不一定只限于传统的句读一种,也还有别的句读。比如:

> 子曰:"民可使,由之;不可使,知之。"

如此标点之后,该章的意思便是:人民可役使,听由他们去做;不可役使,先让他们知道有关问题,再去做。这样一来,该章的主题就成了如何"使民"(即领导人民)的问题,也与愚民思想不沾边了。

---

① 杨伯峻《论语译注》,北京:中华书局,1980 年,第 89 页。
② 杨伯峻《论语译注》,北京:中华书局,1980 年,第 12 页。

28. 子曰:"三年学,不至于穀,不易得也。"

此为《论语》第八篇《泰伯》之第十二章。①

朱熹《论语集注》云:"穀,录也。……为学之久,而不求录,如此之人不易得也。"②杨伯峻《论语译注》说:"读书三年并不存做官的念头,这是难得的。"③

正平本《论语集解》云:"孔安国曰:'穀,善也。言人三岁学,不至于善,不可得。'言必无及也,所以劝人于学也。"④

[按] 朱氏云"穀,录也"、"不至于穀",即不求录,亦即杨氏所说"不存做官的念头",这些说法是对的。因此,孔子认为这种想法和做法"不易得也"。孔安国解为"穀,善也",认为"三岁学,不至于善,不可得",似乎欠妥。因为行善与做官是两种不同的概念,行善较易却难于有得,做官较难却易于有得,做官是一般人常有的念头。有些人不急于求成做官,还想多学习一些时间,故孔子认为他们"不易得也"。

---

① 杨伯峻《论语译注》,北京:中华书局,1980 年,第 82 页。
② 朱熹《论语集注》,《四部要籍注疏丛刊》,北京:中华书局,1998 年,第 567 页。
③ 杨伯峻《论语译注》,北京:中华书局,1980 年,第 82 页。
④ 正平本《论语集解》,《四部要籍注疏丛刊》,北京:中华书局,1998 年,第 34 页。

29. 子曰："巍巍乎,舜禹之有天下也而不与焉!"

此为《论语》第八篇《泰伯》之第十八章。①

皇侃《论语义疏》云："巍巍,高大之称也。言舜、禹逢时遇世,高大可美也。舜受尧禅而有天下,禹受舜禅而有天下,此二圣得时有天下,并非身所预求而君自禅之也。"②邢昺《论语注疏》云："言舜、禹之有天下,自以功德受禅,不与求而得之,所以其德巍巍然高大也。"③

杨伯峻《论语译注》说："舜和禹真是崇高得很呀! 贵为天子,富有四海,[却整年地为百姓勤劳,]一点也不为自己。"④

[按] 皇、邢二氏指出,舜、禹因受禅而有天下,非自身所预求而得之,也就是"以功德舜禅,不与求而得之",故云崇高得很。注解紧切原文,符合历史环境与情节。杨氏的解释"富有四海,[却整年地为百姓勤劳,]一点也不为自己"云云,似乎不可取。

---

① 杨伯峻《论语译注》,北京:中华书局,1980 年,第 83 页。
② 皇侃《论语义疏》,《四部要籍注疏丛刊》,北京:中华书局,1998 年,第 216 页。
③ 邢昺《论语注疏》,《四部要籍注疏丛刊》,北京:中华书局,1998 年,第 375 页。
④ 杨伯峻《论语译注》,北京:中华书局,1980 年,第 83 页。

30. 子曰:"出则事公卿,入则事父兄,丧事不敢不勉,不为酒困,何有于我哉?"

此为《论语》第九篇《子罕》之第十六章。①

邢昺《论语注疏》云:"他人无是行于我,我独有之,故曰:'何有于我哉?'"②

杨伯峻《论语译注》说:"这些事我做到了哪些呢?"③

[按] "何有于我哉"这类话题都跟本书第 23 条一样,是有啥说啥,应该直译为"对我来说,这些事情又有什么呢?"倘像杨氏那样用谦虚的口吻译出,与前边的语气不合,跟孔子本人的性格也不符。因此,这些地方要仔细考虑,不能疏忽。

---

① 杨伯峻《论语译注》,北京:中华书局,1980 年,第 92 页。

② 邢昺《论语注疏》,《四部要籍注疏丛刊》,北京:中华书局,1998 年,第 383 页。

③ 杨伯峻《论语译注》,北京:中华书局,1980 年,第 93 页。

31. 子曰："譬如为山，未成一篑，止，吾止也。譬如平地，虽覆一篑，进，吾往也。"

此为《论语》第九篇《子罕》之第十九章。①

正平本《论语集解》曰："苞氏曰：'此劝人进于道德也。'为山者其功虽已多，未成一笼而中道止者，我不以其前功多而善之，见其志不遂故不与也。"②又"马融曰：'平地者将进加功，虽始覆一篑，我不以其见功少而薄之也，据其欲进而与之也。'"③

杨伯峻《论语译注》说："好比堆土成山，只要再加一筐土便成山了，如果懒得做下去，这是我自己停止的。又好比在平地上堆土成山，纵是刚刚倒下一筐土，如果决心努力前进，还是要自己坚持呵!"④

[按] 旧解将"平地者"与"为山者"相对，"平"字为动词，平整之意。即土地高低不一，进行平整。故马融曰："平地者将进加功"云云。一个是"为山"，即造山；一个是"平地"，即平整土地。两个工作不一样，故有两种不同的情况。倘像杨氏将"平地"解为"又好比在平地上堆成山"，则与"造山"没有什么不同，其实成了一种工作，便不会造成两种不同的情况。另外，杨氏的译释增意太多，不切题。

---

① 杨伯峻《论语译注》，北京：中华书局，1980 年，第 93 页。

② 正平本《论语集解》，《四部要籍注疏丛刊》，北京：中华书局，1998年，第 39 页。

③ 正平本《论语集解》，《四部要籍注疏丛刊》，北京：中华书局，1998年，第 39 页。

④ 杨伯峻《论语译注》，北京：中华书局，1980 年，第 93 页。

32. 子曰:"苗而不秀者有矣夫! 秀而不实者有矣夫!"

此为《论语》第九篇《子罕》之第二十二章。①

正平本《论语集解》云:"孔安国曰:'言万物有生而不育成者,喻人亦然也。'"②朱熹《论语集注》云:"谷之始生曰苗,吐华曰秀,成谷曰实。盖学而不至于成有如此者,是以君子贵自勉也。"③

杨伯峻《论语译注》说:"汉人唐人多以为孔子这话是为颜回短命而发。但颜回只是'秀而不实'(祢衡《颜子碑》如此说),则'苗而不秀'又指谁呢?孔子此言必有为而发,但究竟何所指,则不必妄测。"④

[按] 此节当如何氏、朱氏所解,实属于孔子另外一次所论,与《论语》之 9·20、9·21 两条所论颜回事不属于接连所发,当是编《论语》者认为内容相关联,故自行编在一起而已。因此,何氏、朱氏注释中不引入"颜回"事是有所依据的,而许多旧注引入颜回事,便发生杨氏所说"苗而不秀"与"秀而不实"两件事与颜回之事的矛盾。总之,此节之解当以何氏、朱氏之说不引进颜回之事为妥。

---

① 杨伯峻《论语译注》,北京:中华书局,1980 年,第 94 页。
② 正平本《论语集解》,《四部要籍注疏丛刊》,北京:中华书局,1998 年,第 39 页。
③ 朱熹·论语集注》,《四部要籍注疏丛刊》,北京:中华书局,1998 年,第 578 页。
④ 杨伯峻《论语译注》,北京:中华书局,1980 年,第 94 页。

33. 没阶,趋进,翼如也。

　　此为《论语》第十篇《乡党》之第四章。全文为:"入公门,鞠躬如也,如不容。立不中门,行不履阈。……没阶,趋进,翼如也。复其位,踧踖如也。"①

　　正平本《论语集解》云:"没阶,趋进,翼如也。"②

　　朱熹《论语集注》云:"没阶,趋,翼如也。"③

　　[**按**]　何氏作"趋进",皇氏、邢氏等同。朱氏作"趋",少一"进"字,似未妥。《乡党》第三章亦作"趋进,翼如也"。当以有"进"字为妥。程氏《集释》云:"《礼经释例》:《聘礼记注》引《论语》作'没阶趋进',则郑氏所见本已有'进'字。陆说不可从。《四书辨证》:《乡射记》'司射挟二个以进',注云:'进,前也。'敖曰:'进退之文无常,大抵有事于彼为进。'《士相见礼疏》曰:'《论语》趋进,翼如也,'谓孔子与君图事于堂讫,降堂经向时揖处,至君前横过向门,特加肃敬。然则横过堂下向路门而前,正所谓有事于彼也,'进'字疑非误。按:《臧氏琳经义杂记》曰:'按《史记·孔子世家》作'没阶趋进',《仪礼·聘礼注》引《论语》同。《曲礼》'惟薄之外不趋',《正义》引《论语》,《仪礼·士相见礼疏》引《论语》并有'进'字,然则

---

　　①　杨伯峻《论语译注》,北京:中华书局,1980年,第98页。

　　②　正平本《论语集解》,《四部要籍注疏丛刊》,北京:中华书局,1998年,第41页。

　　③　朱熹《论语集注》,《四部要籍注疏丛刊》,北京:中华书局,1998年,第583页。

自两汉以至唐初皆作'没阶趋进'。趋进者,趋前之谓也。进字不作入字解,旧有此字,非误矣。"①

　　①　程树恳《论语集释》,《四部要籍注疏丛刊》,北京:中华书局,1998年,第 1708 页。

34. 吉月，必朝服而朝。

此为《论语》第十篇《乡党》之第六章。全文为："君子不以绀緅饰，红紫不以为亵服。……吉月，必朝服而朝。"①

皇侃《论语义疏》云："吉月者，月朔也。朝服者，凡言朝服，唯是玄冠、缁布衣、素积裳，今此云朝服，谓皮弁，十五升白布衣，素积裳也，所以亦谓为朝服者，天子用之以日视朝。今云朝服，是从天子受名也。诸侯用之以视朝，孔子鲁臣，亦得与君同服，故月朔必服之也。然鲁自文公不视朔，故子贡欲去告朔之饩羊，而孔子是哀公之臣，应无随君视朝之事，而云必服之者，当是君虽不视朔，而孔子月朔必服而以朝，是我爱其礼也。"②

杨伯峻《论语译注》说："大年初一，一定穿着上朝的礼服去朝贺。"③

[**按**]　皇氏的解说可取，杨氏的解说不可取。吉月，就是"月朔"，即农历每月初一。孔子于定公时期做过中都宰、司空、大司寇，并行摄相事。随后齐国选"国中女子好者八十人，皆衣文衣而舞康乐，文马三十驷，遗鲁君。"④季桓子乃受，孔子遂周游列国。去国凡十四年而返鲁，鲁终不能用孔子，孔子亦不求仕，与鲁哀公有交往。鲁国自文公时已不视朔，而云孔子必服之者，"当是君虽

---

① 杨伯峻《论语译注》，北京：中华书局，1980 年，第 99 页。

② 皇侃《论语义疏》，《四部要籍注疏丛刊》，北京：中华书局，1998 年，第 229 页。

③ 杨伯峻《论语译注》，北京：中华书局，1980 年，第 100 页。

④ 司马迁《史记》，北京：中华书局，1985 年，第 1918 页。

不视朔,而孔子月朔必服而以朝"。因为孔子于定公时已为朝官,现在虽不作官,于每月之初必朝服以见,自认为乃是必然之事,故行而无悔。《子罕》第三章,子曰:"拜下,礼也;今拜乎上,泰也。虽违众,吾从下。"不顾时事,自行其礼,可见乃是孔子坚持不屈的作为,有人不了解此事,乃以"告月"改"吉月",或解此"吉月"为"大年初一",均不妥。

35. 虽疏食菜羹，瓜祭，必齐如也。

此为《论语》第十篇《乡党》之第十一章。①

正平本《论语集解》云："孔安国曰：'齐，严敬之貌也。三物虽薄，祭之必敬也。'"②皇侃《论语义疏》云："谓用粗食、菜羹及苽，持此三物供祭也。"③邢昺《论语注疏》云："三物虽薄，祭之必敬者，祭谓祭先也。案《玉藻》云：'唯水浆不祭。'又云：'瓜祭上环。'知此三者虽薄，亦祭先也。若祭之，亦必齐敬也。"④

杨伯峻《论语译注》说："虽然是糙米饭小菜汤，也一定得先祭一祭，而且祭的时候还一定恭恭敬敬，好像斋戒了的一样。"⑤

[按]　旧注三家所解是一致的。何氏将疏食、菜羹、瓜三物并列，谓"虽薄，祭之必敬也"。皇氏亦将"粗食、菜羹及苽"列为三物。邢氏说"三物"之外，并引《玉藻》论"瓜祭"之事。杨氏谓"有些本子作'必祭'，'瓜'恐怕是错字"。这是指鲁本。根据旧注三家所解，作"瓜"字不误。杨氏所解不可取。刘宝楠《论语正义》云："瓜"，《鲁论》作"必"。郑《注》云："鲁读'瓜'为'必'，今从古。李氏惇《群经识小》：'必字从八戈，篆文作 𠖱，与瓜相近而

---

① 杨伯峻《论语译注》，北京：中华书局，1980 年，第 104 页。

② 正平本《论语集解》，《四部要籍注疏丛刊》，北京：中华书局，1998 年，第 43 页。

③ 皇侃《论语义疏》，《四部要籍注疏丛刊》，北京：中华书局，1998 年，第 230 页。

④ 邢昺《论语注疏》，《四部要籍注疏丛刊》，北京：中华书局，1998 年，第 392 页。

⑤ 杨伯峻《论语译注》，北京：中华书局，1980 年，第 104 页。

误。'李氏此说,用《鲁论》义得之。臧氏庸《拜经日记》:《公羊·襄二十九年传》'饮食必祝'。注:'祝,因祭祝也。'《论语》曰:'虽疏食、菜羹、瓜,祭'是也。何劭公止通今学,不当引《古论》。此盖用《鲁论》之文,以证传中'必祝',后人误,据今本改之。案:臧校是也。郑所以从古者,瓜字义亦可通。《玉藻》云:'瓜祭上环,食中弃所操。'注云:'上环,头忖也。'钱氏坫《后录》:'上环是蔕间,下环是脱华处。食瓜者必祭用上环,而食其中忖。忖即刌字,刌之言切也。此瓜祭之说,郑之所以必从古与。'案:从《古论》,则'祭'字当为一句。瓜有二种:一果实;一殽食。此是果食。即《曲礼》所云'削瓜'也。皇本作'苽',此形近之误。食所以有祭者,《礼运》曰:'昔者先王未有火化,食草木之实,鸟兽之肉,饮其血,茹其毛。后圣有作,然后修火之利,范金合土,以炮以燔,以烹以炙,以为醴酪,以养生送死,以事鬼神上帝,皆从其朔。'此以祭之,所以报功,不忘本也。"①

① 刘宝楠《论语正义》,《四部要籍注疏丛刊》,北京:中华书局,1998年,第896页。

36. 厩焚。子退朝,曰:"伤人乎?"不问马。

此为《论语》第十篇《乡党》之第十七章。①

正平本《论语集解》云:"厩焚。子退朝,曰:'伤人乎?'不问马。"注:"郑玄曰:'重人贱畜也。退朝,自鲁君之朝来归。'"②

李匡乂《资暇集》云:"'伤人乎?不问马。'今亦为韩文公读'不'为'否'。言仁者圣之亚,圣人岂仁于人而不仁于马?故贵人,所以前问;贱畜,所以后问。然而'乎'字下岂更有助词?斯亦曲矣。况又非韩文公所训。按陆氏《释文》已云,一读至'不'字句绝,则知以'不'为'否',其来尚矣。诚以'不'为'否',则宜至'乎'字句绝,'不'字自为一句。何者,夫子问'伤人乎',乃对曰:'否',既不伤人。然后问马,又别为一读,岂不愈于陆云乎?"③

[按] 此章"不问马"为一句,正平本及郑注都是对的。概厩焚,孔子退朝回家,看见厩中的马都挂在那里,急问"伤人乎",不问及马匹的事情。情况就是这样。李匡乂所说"诚以'不'为'否',则宜至'乎'字句绝,'不'字自为一句"云云,亦无不可,但与前一种读法意思不同,似乎不可取。

---

① 杨伯峻《论语译注》,北京:中华书局,1980 年,第 105 页。

② 正平本《论语集解》,《四部要籍注疏丛刊》,北京:中华书局,1998 年,第 43 页。

③ 李匡乂《资暇集》,《丛书集成初编》,北京:中华书局,1985 年,第 4 页。

37. 居不客。

此为《论语》第十篇《乡党》之第二十四章。全文为："寝不尸，居不客。"①

杨伯峻《论语译注》说："孔子睡觉不像死尸一样［直躺着］，平日坐着，也不像接见客人或者自己做客人一样，［跪着两膝在席上。］"②

邢昺《论语注疏》云："寝不尸，居不容。"《正义》曰："……其居家之时，则不为容仪，为室家之敬难久，当和舒也。"③

[按] 皇氏、邢氏、朱氏等作"居不容"，而《释文》和《唐石经》却作"居不客"，杨氏从之，亦作"居不客"。当以《释文》和《唐石经》等为是。"客"、"容"二字易混淆，皇氏、邢氏等本讹作"容"，《释文》和《唐石经》不误。

---

① 杨伯峻《论语译注》，北京：中华书局，1980 年，第 107 页。
② 杨伯峻《论语译注》，北京：中华书局，1980 年，第 107 页。
③ 邢昺《论语注疏》，《四部要籍注疏丛刊》，北京：中华书局，1998 年，第 393 页。

38. 色斯举矣,翔而后集。曰:"山梁雌雉, 时哉时哉!"子路共之,三嗅而作。

此为《论语》第十篇《乡党》之第二十七章。①

正平本《论语集解》云:"'色斯举矣'马融曰:'见颜色不善,则去之也。''翔而后集'周生烈曰:'回翔审观而后下止也。'曰:'山梁雌雉,时哉时哉!'子路供之,三嗅而作。'言山梁雌雉得其时而人不得其时,故叹之。子路以其时物,故供具之,非其本意,不苟食,故三嗅而起也。'"②

杨伯峻《论语译注》说:"[孔子在山谷中行走,看见几只野鸡。]孔子的脸色一动,野鸡便飞向天空,盘旋一阵,又都停在一处。孔子道:'这些山梁上雌雉,得其时呀! 得其时呀!'子路向它们拱拱手,它们又振一振翅膀飞去了。"并谓"嗅——当作臭,jù,张两翅之貌。"③

[按] 关于"色斯举矣",马氏注为雌雉们的动作,是对的。杨氏理解为"孔子的脸色一动",则不对。总之,本篇均是先讲雌雉之事。"子路共之",何氏解为"子路以其时物,故供具之",不妥。杨氏解为"子路向它们拱手",是对的。"三嗅"之"嗅",古无其字,当借作"臭",读 xiù。"三嗅",是指雌雉们在地上的动作,样子像做了几次嗅了嗅的动作似的,便起飞了。杨氏据古人说,解作"臭",似乎无此必要。

① 杨伯峻《论语译注》,北京:中华书局,1980 年,第 108 页。
② 正平本《论语集解》,《四部要籍注疏丛刊》,北京:中华书局,1998年,第 44—45 页。
③ 杨伯峻《论语译注》,北京:中华书局,1980 年,第 108 页。

39. 子曰:"先进于礼乐,野人也;后进于礼乐 君子也。如用之,则吾从先进。"

此为《论语》第十一篇《先进》之第一章。①

邢昺《论语注疏》云:"此章孔子评其弟子之中仕进先后之辈也。'先进于礼乐,野人也'者,先进,谓先辈仕进之人。准于礼乐,不能因世损益,而有古风,故曰朴野之人也。'后进于礼乐,君子也'者,后进,谓后辈仕进之人也。准于礼乐,能因时损益,与礼乐俱得时之中,故曰君子之人也。"②

皇侃《论语义疏》云:"先进、后进者,谓先后辈人也。先辈,谓五帝以上也。后辈,谓三王以还也。进于礼乐者,谓其时辈人进行于礼乐者也。野人,质朴之称也。君子,会时之目也。孔子言以今人文观古,古质而今文,文则能随时之中,此故为当世之君子也。质则朴素而违俗,是故为当世之野人也。"③

[**按**] 对于"先进"、"后进"的解释很多,还是邢昺之说可取。"先进,谓先辈仕进之人。""后进,谓后辈仕进之人。"《先进》篇所论,正是论其先辈仕进之人颜渊、闵子骞、冉伯牛、仲弓、宰我、子贡、季路、子游、子夏之类,也就是"从我于陈、蔡者"。由于这些人都是很早跟随孔子的"先辈仕进之人",在感情、行事等方面都跟

---

① 杨伯峻《论语译注》,北京:中华书局,1980 年,第 109 页。

② 邢昺《论语注疏》,《四部要籍注疏丛刊》,北京:中华书局,1998 年,第 398 页。

③ 皇侃《论语义疏》,《四部要籍注疏丛刊》,北京:中华书局,1998 年,第 234 页。

孔子比较接近,因此受到孔子的称赞,谓"如用之,则吾从选进"。以下便开始记述有关他们的行事。皇侃将"先进"、"后进"指称为"先辈"、"后辈",并谓"先辈,谓五帝以上也。后辈,谓三王以还也",似有些疏远,不一定切题,故不用。

40. 子曰："从我于陈、蔡者,皆不及门也。"

此为《论语》第十一篇《先进》之第二章。①

朱熹《论语集注》云:"孔子尝厄于陈、蔡之间,弟子多从之者,此时皆不在门,故孔子思之,盖不忘其相从于患难之中也。"②

皇侃《论语义疏》云:"郑玄曰:'言弟子之从我而厄于陈、蔡者,皆不及仕进之门而失其所也。'"③又《疏》曰:"孔子言时世乱离,非唯我道不行,只我门徒虽从我在陈、蔡者,亦失于时,不复及仕进门也。"④

[按] 朱氏谓"弟子多从之者,此时皆不在门,故孔子思之",这种说法是对的。显然,他认为孔子说此话之时是在归鲁之后,回忆往事而然。当时,子贡、子路、冉求、颜回等这些从于陈、蔡的弟子各有所趋,确实都不在孔子门下,因此孔子才有了这样的感叹。皇氏所引郑玄说则谓孔子之叹发生在当日陈、蔡之时,故谓弟子"皆不及仕进之门","仕进"二字之增非同小可,似与孔子原话"皆不及门也"有很大的区别,不是一回事。故注解《论语》原文,能增加的字尽可以增加,不能增加的字绝不可以增加,否则会造成不必要的混乱。另外,有人指出冉有于鲁哀公三年(前492)为季康子

---

① 杨伯峻《论语译注》,北京:中华书局,1980年,第109页。

② 朱熹《论语集注》,《四部要籍注疏丛刊》,北京:中华书局,1998年,第592页。

③ 皇侃《论语义疏》,《四部要籍注疏丛刊》,北京:中华书局,1998年,第234页。

④ 皇侃《论语义疏》,《四部要籍注疏丛刊》,北京:中华书局,1998年,第234页。

所召,不应于此年复有一冉求从夫子于陈、蔡①。其实,鲁定公十四年(前946)冬到十五年(前945),再到鲁哀公元年(前494)底、二年开头,是孔子首次居留陈国的三年时间。这时,冉求跟孔子在一起。哀公三年(前492),冉求为季康所召,便离开了孔子。

---

① 参见程树德《论语集释》,《四部要籍注疏丛刊》,北京:中华书局,1998年,第1795页。

41. 季氏富于周公,而求也为之聚敛而附益之。

此为《论语》第十一篇《先进》之第十七章。①

朱熹《论语集注》云:"周公以王室至亲,有大功,位冢宰,其富宜矣。季氏以诸侯之卿而富过之,非攘夺其君,刻剥其民,何以得此?"②

皇侃《论语义疏》云:"周公,天子臣,食采于周,爵为公,故谓为周公也,言周公旦之后也。"③

[按] 朱氏解"周公"为周公旦,而前此之皇氏解为"周公旦之后也"。其实,朱氏之解是对的。究其原因:第一,周公旦初封于鲁,故论鲁之季氏者所谓周公即指旦而言,非指他人而言。第二,季氏之富过于周公旦犹可信,过于其他周公,特别是过于东徙之后,处于雒邑之周公,则不足论矣。那样,便不是论季氏之富,而是论季氏之贫了。有鉴于此,故本人认为朱氏之解是对的,皇氏之解不可取。

---

① 杨伯峻《论语译注》,北京:中华书局,1980 年,第 115 页。

② 朱熹《论语集注》,《四部要籍注疏丛刊》,北京:中华书局,1998 年,第 596 页。

③ 皇侃《论语义疏》,《四部要籍注疏丛刊》,北京:中华书局,1998 年,第 237 页。

42. 子曰:"回也其庶乎,屡空。赐不受命,而货殖焉,億则屡中。"

此为《论语》第十一篇《先进》之第十九章。①

俞樾《群经平议》曰:"古者商贾皆官主之,故《吕氏春秋·上农篇》曰:'凡民自七尺以上属诸三官,农攻粟,工攻器,贾攻货。'高诱注曰:'三官,农、工、商也。'以《周礼》考之,质剂掌于官,度量纯制掌于官,货贿之玺节掌于官。下至春秋之世,晋则绛之富商韦藩木楗以过于朝,郑则商人之一环必以告君大夫,盖犹皆受命于官也。若夫不受命于官而自以其财市贱鬻贵,逐什一之利,是谓不受命而货殖。《管子·乘马篇》曰:'贾知贾之贵贱,日至于市而不为官贾。'此其滥觞欤?盖不属于官,即不得列于太宰之九职,故不曰商贾,而曰货殖。子贡以圣门高第,亦复为之,陶朱、白圭之徒由此起。"②

正平本《论语集解》云:"赐不受教命,唯财货是殖,億度是非,盖美回所以励赐也。"③

［**按**］　俞氏解"赐不受命,而货殖焉"为"若夫不受命于官而自以其财市贱鬻贵,逐什一之利,是谓不受命而货殖",是很对的。关键就在于"于官"二字上。当时进行"货殖"的规定是必须经过

---

① 　杨伯峻《论语译注》,北京:中华书局,1980 年,第 115 页。

② 　俞樾《群经平议》,上海:上海古籍出版社,1995 年至 2002 年影印《续修四库全书》第一七八册,第 503 页。

③ 　正平本《论语集解》,《四部要籍注疏丛刊》,北京:中华书局,1998 年,第 48 页。

官方检验，发放一定的证明材料，才能进行货殖工作。端木赐不经过这类手续，自以其财市贱鬻贵，故孔子谓"赐不受命"云云。其他关于"赐不受教命"、赐不受"天命"之类的解释似乎都不准确。

43. 子曰："论笃是与,君子者乎? 色庄者乎?"

此为《论语》第十一篇《先进》之第二十一章。①

朱熹《论语集注》云:"言但以其言论笃实而与之,则未知其为君子者乎? 为色庄者乎? 言不可以言貌取人也。"②杨伯峻《论语译注》说:"总是推许言论笃实的人,这种笃实的人是真正的君子呢? 还是神情上伪装庄重的人呢?"③

正平本《论语集解》云:"论笃者,谓口无择言也。君子者,谓身无鄙行也。色庄者,不恶而严,以远小人者也。言此三者皆可以为善人者也。"④

[按]　这一节三句话,第一句"论笃是与"是总言,属于第一层意思,杨氏的说解是对的,即"推许言论笃实的人";二、三两句属于第二层意思。在第二层意思中,"君子者乎"为一句,"色庄者乎"为一句。朱氏的说解,对第一句理解是对的,但表达不很清楚,对二、三两句的理解也是对的。杨氏对于第二句的理解不很清楚,对第三句的理解似有问题。"君子者乎? 色庄者乎?"意思即是这种笃实的人是君子呢? 还是颜色庄重的善人呢? 孔子的时代,对于君子和善人的理解是不同的,在言论笃实上两者可以说是一致的,在其他方面,比如学问道德方面,则有区别。因此,杨氏的解说

---

① 杨伯峻《论语译注》,北京:中华书局,1980 年,第 116 页。

② 朱熹《论语集注》,《四部要籍注疏丛刊》,北京:中华书局,1998 年,第 598 页。

③ 杨伯峻《论语译注》,北京:中华书局,1980 年,第 116 页。

④ 正平本《论语集解》,《四部要籍注疏丛刊》,北京:中华书局,1998 年,第 48 页。

在"君子"之前加"真正的"三字,在"庄重的人"之前加"神情上伪装"五字,均未妥。何氏未理解这种总论与分论的句式,理解为三句并列句式,更是错误的。

44. 子曰：“求也退，故进之；由也兼人，故退之。”

此为《论语》第十一篇《先进》之第二十二章。全文为“子路问：‘闻斯行诸？’子曰：‘有父兄在，如之何其闻斯行之？’冉有问：‘闻斯行诸？’子曰：‘闻斯行之。’公西华曰：‘由也问闻斯行诸，子曰“有父兄在”，求也问闻斯行诸，子曰，“闻斯行之”。赤也惑，敢问。’子曰：‘求也退，故进之；由也兼人，故退之。’”①

正平本《论语集解》曰：“郑玄曰：‘言冉有性谦退，子路务在胜尚人，各因其人之失而正也。’”②朱熹《论语集注》曰：“兼人，谓胜人也。”③

杨伯峻《论语译注》说：“冉求平日做事退缩，所以我给他壮胆；仲由的胆量却有两个人的大，勇于作为，所以我要压压他。”并谓：“孔安国和朱熹都把‘兼人’解为‘胜人’，但子路虽勇，未必‘务在胜尚人’，反不如张敬夫把‘兼人’解为‘勇为’为适当。”④

[按] 孔子是将冉求和仲由两个人对照起来说话的，由冉求的谦退论到仲由的胜人、尚人，认为各有所不足。这样评论，应该说没有什么问题。何氏与朱氏的解说是正确的。杨氏的解说似乎忽略了求、由对比而专论仲由一人之事，不可取。

---

① 杨伯峻《论语译注》，北京：中华书局，1980 年，第 117 页。
② 正平本《论语集解》，《四部要籍注疏丛刊》，北京：中华书局，1998 年，第 48 页。
③ 朱熹《论语集注》，《四部要籍注疏丛刊》，北京：中华书局，1998 年，第 598 页。
④ 杨伯峻《论语译注》，北京：中华书局，1980 年，第 117 页。

45. 在邦无怨,在家无怨。

此为《论语》第十二篇《颜渊》之第二章。前半章为:"仲弓问仁。子曰:'出门如见大宾,使民如承大祭。己所不欲,勿施于人。在邦无怨,在家无怨。'"①

刘宝楠《论语正义》云:"在邦,谓仕于诸侯之拜。在家,谓仕于卿大夫家也。观下篇子张问士,夫子告以在邦、在家可证。"②

正平本《论语集解》云:"苞氏曰:'在邦,为诸侯也。在家,为卿大夫也。'"③

[按] 刘氏所云是对的,何氏所云欠妥。原因在于"在邦无怨,在家无怨"这两句结构相同的话即见于《颜渊》篇第二章,又见于第二十章。仲弓和子张都是孔子弟子,孔子同他们谈论"在邦"、"在家"之事,均属于当时的读书人"士"一类的事情,士无论"在邦"、"在家",都是刚踏上工作岗位的年轻人,不可能一下子都去做"诸侯"和"卿大夫",必然是像刘氏所说"谓仕于诸侯之邦",或"谓仕于卿大夫家也",即做他们的下属官员。因此,像何氏所引"在邦,为诸侯也。在家,为卿大夫也",是不可能的。刘氏所谓"观下篇子张问士"云云,是指该篇第二十章。"子张问:'士何如

---

① 杨伯峻《论语译注》,北京:中华书局,1980 年,第 123 页。

② 刘宝楠《论语正义》,《四部要籍注疏丛刊》,北京:中华书局,1998 年,第 922 页。

③ 正平本《论语集解》,《四部要籍注疏丛刊》,北京:中华书局,1998 年,第 51 页。

斯可谓之达矣?' 子曰:'何哉,尔所谓达者?' 子张对曰'在邦必闻,在家必闻。' 皇氏《义疏》云:'在邦,谓仕诸侯也。在家,谓仕卿大夫也。'"①

————————————

　　①　皇侃《论语义疏》,《四部要籍注疏丛刊》,北京:中华书局,1998 年,第 248 页。

46. 司马牛问仁。

　　此为《论语》第十二篇《颜渊》之第三章。全文为："司马牛问仁。子曰：'仁者，其言也讱。'曰：'其言也讱，斯谓之仁已乎？'子曰：'为之难，言之得无讱乎？'"①

　　正平本《论语集解》云："孔安国曰：'讱，难也。牛，宋人也，弟子司马犁也。'"②

　　杨伯峻《论语译注》说："但我却认为，孔子的学生司马牛和宋国桓魋的弟弟司马牛可能是两个不同的人，难于混为一谈。第一，《史记·仲尼弟子列传》既不说这一个司马牛是宋人，更没有把《左传》上司马牛的事情记载上去，太史公如果看到了这类史料而不采取，可见他是把两个司马牛作不同的人看待的。第二，说《论语》的司马牛就是《左传》的司马牛者始于孔安国。孔安国又说司马牛名犁，又和《史记·仲尼弟子列传》说司马牛名耕的不同。如果孔安国之言有所本，那么，原本就有两个司马牛，一个名耕，孔子弟子；一个名犁，桓魋之弟。但自孔安国以后的若干人却误把名犁的也当作孔子学生了。"③

　　[按]　司马牛名"耕"与名"犁"的确不同，名"耕"者是《史记·仲尼弟子列传》中人物，名"犁"者是《史记·仲尼弟子列传》之《索隐》所引孔安国文中人物。据《史记》所引，孔安国认为名

<hr>

　　① 杨伯峻《论语译注》，北京：中华书局，1980 年，第 124 页。

　　② 正平本《论语集解》，《四部要籍注疏丛刊》，北京：中华书局，1998年，第 51 页。

　　③ 杨伯峻《论语译注》，北京：中华书局，1980 年，第 132 页。

"犁"、名"耕"二者不同,但名异而实同,所指实为一人。司马耕之后所引两段孔安国注文均能证明这一点。至于《史记》于司马耕之下为何只引孔子的两段话,而不引《左传》上的文字,恐怕与《左传》无关,此与《仲尼弟子列传》文简相关。另外,据《论语》第12.3、12.4 与 12.5 三段文字记载,可见司马牛的确是当时宋国桓魋的兄弟,旧注所解不误。杨氏的注解欠妥。第 12.3 为"司马牛问仁。子曰:'仁者,其言也讱。'曰:'其言也讱,斯谓之仁已乎?'子曰:'为之难,言之得无讱乎?'"因为司马耕"多言而躁",故孔子有此答语。12.4 为"司马牛问君子。子曰:'君子不忧不惧。'曰:'不忧不惧,斯谓之君子已乎?'子曰:'内省不疚,夫何忧何惧?'"因为当时司马牛忧惧多,故有是言。12.5 为"司马牛忧曰:'人皆有兄弟,我独亡。'子夏曰:'商闻之矣:死生有命,富贵在天。君子敬而无失,与人恭而有礼。四海之内,皆兄弟也——君子何患乎无兄弟也?'"孔安国曰:"牛兄桓魋将为乱,牛自宋来学,常忧惧,故孔子解之也。"①这些孔子的问答及孔安国的注解均说明司马牛就是司马犁,没问题。

---

① 《史记》,北京:中华书局,1985 年,第 2215 页。

47. 子贡曰:"惜乎,夫子之说君子也! 驷不及舌。……"

此为《论语》第十二篇《颜渊》之第八章。全文为:"棘子成曰:'君子质而已矣,何以文为?'子贡曰:'惜乎,夫子之说君子也! 驷不及舌。文犹质也,质犹文也。虎豹之鞟犹犬羊之鞟。'"①

杨伯峻《论语译注》说:"子贡道:'先生这样地谈论君子,可惜说错了。一言既出,驷马难追。……'"并谓:"棘子成——卫国大夫。古代大夫都可以被尊称为'夫子',所以子贡这样称呼他。'"②

朱熹《论语集注》云:"言子成之言,乃君子之意,然言出于舌,则驷马不能追之,又惜其失言也。"③

[按] 杨氏的说解是对的。他将"夫子之说君子也"作为主语,后置;将"惜乎"作为谓语,前置,构成倒装句。"驷不及舌"为另一句。这样,结构合理,语气清楚。朱氏却将"夫子之说君子也"作为"夫子之说,君子也"两句,又将"惜乎"二字置于"驷不及舌"之后,这样造成结构不清,句意混乱,因此不可取。

---

① 杨白峻《论语译注》,北京:中华书局,1980 年,第 126 页。
② 杨白峻《论语译注》,北京:中华书局,1980 年,第 126—127 页。
③ 朱熹《论语集注》,《四部要籍注疏丛刊》,北京:中华书局,1998 年,第 609 页。

48. 诚不以富,亦祗以异。

此为《论语》第十二篇《颜渊》之第十章。全文为:"子张问崇德辨惑。子曰:'主忠信,徙义,崇德也。爱之欲其生,恶之欲其死。既欲其生,又欲其死,是惑也。"诚不以富,亦祗以异。"'"①

朱熹《论语集注》云:"程子曰:'此错简,当在第十六篇"齐景公有马千驷"之上,因此下文亦有"齐景公"字而误也。'"②

皇侃《论语义疏》云:"引《诗》证为惑人之言,生死不定之人诚不足以致富,而只以为异事之行耳。"③

[按]　程子所说为是。"诚不以富,亦祗以异",这两句诗用在此处,不管怎么讲,都与文意不合。只有按程子说,移在第十六篇第十二章"齐景公有马千驷,死之日,民无德而称焉。伯夷、叔齐饿于首阳之下,民到于今称之"后边,再加上"其斯之谓与"一句,才是合情合理的。这种类似情况,在古书的移写中,往往会遇到。

---

①　杨伯峻《论语译注》,北京:中华书局,1980 年,第 127 页。

②　朱熹《论语集注》,《四部要籍注疏丛刊》,北京:中华书局,1998 年,第 610 页。

③　皇侃《论语义疏》,《四部要籍注疏丛刊》,北京:中华书局,1998 年,第 246 页。

49. 子曰:"必也正名乎!"

　　此为《论语》第十三篇《子路》之第三章。全文为:"子路曰:'卫君待子而为政,子将奚先?'子曰:'必也正名乎!'子路曰:'有是哉,子之迂也! 奚其正?'子曰:'野哉,由也! 君子于其所不知,盖阙如也。名不正,则言不顺;……故君子名之必可言也,言之必可成也。君子于其言,无所苟而已矣。'"①

　　正平本《论语集解》云:"马融曰:'正百事之名也。'"②杨伯峻《论语译注》说:"我这里用'名分上的用词不当'来解释'名不正',似乎较为妾近孔子原意。但孔子所要纠正的,只是有关古代礼制、名分上的用词不当的现象,而不是一般的用词不当的现象。"③

　　皇侃《论语义疏》最后备引郑注云:"正名谓正书字也,古者曰名,今世曰字。"④

　　[按]　何氏《集解》引马氏云"正百事之名也",杨氏《译注》说"名不正"是"名分上的用词不当",这类解释都是正确的。说明孔子所讲"必也正名乎",就是名分上有不妥当之处,需要给以纠正。下文'名不正,则言不顺"云云,正说明这个问题。因此,皇氏最后引郑氏"正名谓正书字也"的说法显然不妥当。关于这里所谓"正名"之事的起源,程氏《集释》中有一段引文论之甚详。其文

---

　　① 杨伯峻《论语译注》,北京:中华书局,1980 年,第 133—134 页。

　　② 正平本《论语集解》,《四部要籍注疏丛刊》,北京:中华书局,1998 年,第 56 页。

　　③ 杨伯峻《论语译注》,北京:中华书局,1980 年,第 135 页。

　　④ 皇侃《论语义疏》,《四部要籍注疏丛刊》,北京:中华书局,1998 年,第 250 页。

为："《论语·稽求篇》：不父其父，而祢其祖，窃谓其事可疑，有未易遽论定者。《左传》灵公谓公子郢曰：'余无子。'是灵不以蒯聩为子也。然而《国语》称纳蒯聩时，聩祷于军中曰：'文祖襄公，昭考灵公。'则蒯聩未尝不父灵也。然且哀十六年聩甫反国，即告于周曰：'蒯聩得罪于君父君母。'则不特父灵，且并南子亦母之。若聩之子辄，则浑良夫谓聩曰：'疾与亡君皆君之子也。'是子辄也。辄之父聩，则藉圃之难，辄将出奔，时蒯聩已死，拳弥劝辄曰：'不见先君乎？'是父聩也。然且哀十六年蒯聩入卫，而旋见弑于已氏。至般师子起，两经篡立。夫然后辄复返国，谥聩庄公，奉聩于祢庙而祗事之。越七八年，乃又复出奔而死于越，是辄因尝祢父者。其前此祢祖，以父未立。父未立，则父也，非祢也，名有然也。后之祢父，以般与起未成君，而父成君也。父成君则君也，祢也，而实考也，名有然也。故辄之得罪在拒父，不在祢祖。而人之罪之，当责实，不当正名。自正名之说起，世遂有以祖祢为可易者。先祢而后祖，跻僖而降闵。渐有挽未立之君而入太庙，如明世之祀兴献称睿宗者，此不可不察也。正名之说起，世遂有以父子之名为可易者。襄仲之子继襄仲之长子，而称兄为父，称父为祖。致宋濮王、明兴献皆请改皇考之称，而称皇叔父，以致大礼决裂，千载长夜者，此不可不察也。然则正名何居？旧注引马融曰：'正名者，正百事之名也。'考《祭法》：'黄帝正名百物，以明民共财。'而《汉艺文志》谓：'名家者流，盖出于礼官。古者名位不同，礼亦异数。孔子曰：必也正名乎！'凡辨名所在，不可苟为釽析。且从来有名家书，如《邓析》、《尹文子》、《公孙龙》、《毛公》诸篇。尹文子与宋钘游齐稷下，毛公、公孙龙同游于赵平原君家，俱以坚白同异辨名义为辞。此则名家之说之所由著也。若汉后儒者，犹尚名说，曰名物，曰名义，曰名象，而浸寻失真。至晋时鲁胜注《墨辩》一书，深论名理，谓'名者所以别同异明是非，道义之门，政化之准绳也。'孔子曰：'必也正名。'名不正则事不成。墨子著《辨经》'以立名本，而荀卿、庄周辈皆非之,然终不能易其论也.'其序尚存晋史,约四五百言,极言隐显虚实同异真似之辨,毫厘纤悉,皆有分剖,其文甚著,则是称名之名,祇是一节,而百凡事为,无非是名.如礼人名不以国,以国则废名,是名不可言.《王莽传》云:'临有兄而称太子,其名不正,宣尼公曰:名不正则言不顺.'此称名之名也.若百事之名,熊氏谓曾子有母之丧,水浆不入于口者七日,是过礼也.虽名为孝,而不可明言以为法,故礼不与,后汉薛宣子况为博士所毁,而廷尉与御史中丞议罪不确,有云:'孔子云:必也正名.名不正,则刑罚不中.'此则事名之见乎礼乐与刑罚者.况《春秋》以义正名,凡列国兴师,如讨贰服叛收夺报怨之事,皆须有名.故宣二年秦师伐晋,报其无名之侵.僖四年齐侵蔡伐楚,当时称其有名.而《檀弓》:'吴侵陈,夫差谓行人仪曰:师必有名.人之称斯师也,其谓之何?'是兵戎大事,其关于正名者尤急.意者夫子返卫,则适当卫人拒辄,彼此构兵之际.而案以《春秋》大法,正名定义,谓之拒父,不谓之拒父,此固考辨所最急者,故曰正名.若名不正以下,则又泛言百事之名以折之.盖拒父一事,第使隐悟,不可明言耳.或谓拒父兴师,其不正之名,显然在人,有何疑议,而犹待为之正之.不知此时拒父实有名,言之未易定者,当哀之二年,出公既立,而是年是月,晋即以赵鞅率师纳蒯聩于戚.卫人以为蒯聩不子,既得罪先君,而又乘先君未葬,兴师入寇,义不可纳,故奋然拒之.而《春秋》书法,亦复以为辄不当私顺亲心,纳父不拒.盖古有孙从祖之文,且庙制昭自为昭,穆自为穆,不当从父命而废王父之命.故《穀梁》于'蒯聩纳戚',《传》曰:'纳者,内勿受也.勿受者,辄勿受也.以辄不受父之命,受之王父也.信父而辞王父,则是不尊王父也.其勿受,以尊王父也.'《公羊》于'齐国夏、卫石曼姑围戚',《传》曰:'曼姑受命于灵公而立辄,以曼姑之义,为固可以拒之也.蒯聩无道.灵公逐蒯聩而立辄.辄可以立乎?曰可.其可奈何?不以父命辞王父命,以王父命辞父命,是父之行于子也.不以家事辞王事,以王事辞家事,是上之行乎下也。'故当时卫人群然以拒蒯为能事,其拒蒯也,并不曰为辄拒父,而曰为灵公拒逆。虽圣门弟子,皆以为然。子贡使吴,子路结缨,恬不为怪,故子路、子贡并有为卫君之问。惟夫子隐以为非。在《为卫君章》风其退让,在此章则示以正名。所谓正名者,正欲辨其受命之名、拒父之名也。何也?盖辄固未尝受命于灵公者也。据《春秋》,灵死之岁,曾谓子郢曰:'将立汝。'郢不对。他日,又谓之。郢曰:'郢不足以辱社稷,君其改图。'然其时又曰:'君夫人在堂,三揖在下,君命祗辱。'此言君立后当以礼,与夫人卿士同之。今君命,私命耳,祗取辱也。是当时立郢之说尚是私命,更无他命命辄可知。及灵卒,而夫人曰:'君命郢为太子。'郢不受,曰:'君没于吾手,若有命,郢必闻之。'是灵虽命郢,终是私命。故郢直得以不闻命辞之。既不命郢,则更无他命又可知。于是郢以己意让蒯子曰:'且亡人之子辄在。'然后立辄,则所谓辄之立受之王父者,毋亦有未然者耶?则所谓辄受王父命,不当受父命者,毋亦有未确者耶?则夫为先君拒逆王,可废亲国,亦可废家者,毋亦有可疑而不可尽信者耶?夫如是,则师出以名拒父与?其不可谓之拒父之师与?此皆夫子所急欲正之而不敢明言者。若夫《公羊》所云石曼姑受命于灵公而立之,则夫人三揖,皆未与闻,岂有南子不受顾,而曼姑反受顾者?此因《春秋》记曼姑之名而故为饰之,非实录也。盖卫自哀公二年至十四年,蒯聩入戚,而卫人拒之,其相持之久至十二年。而夫子以哀公六年返卫,则此时名义未决,正须辨定,故夫子以正名为先,诚是要事。此则度之时,审之势,质之义理,证之诸经传,而断断不爽者。《夫子为卫君章》从来亦不得解,但以父子争国与兄弟让国相比较,虽常人犹知之,何待由、赐?"①

---

① 程树德《论语集释》,《四部要籍注疏丛刊》,北京:中华书局,1998年,第 1941—1944 页。

50. 虽多,亦奚以为?

此为《论语》第十三篇《子路》之第五章。全文为:"子曰:'诵《诗》三百,授之以政,不达;使于四方,不能专对;虽多,亦奚以为?'"①

杨伯峻《论语译注》说:"纵是读得多,有什么用处呢?"又"亦奚以为——'以',动词,用也。'为',表疑问的语气词,但只跟'奚'、'何'诸字连用,如'何以文为'、'何以伐为'。"②

邢昺《论语注疏》云:"讽诵虽多,亦何以为? 言无所益也。"③

[按] "亦奚以为"这句话,一般人都无解,邢氏只以"何"释"奚",其他无解。杨氏以"什么"解"奚",以"用处"解"以",将"为"字解为"表疑问的语气词",这些解释可用。

---

① 杨伯峻《论语译注》,北京:中华书局,1980 年,第 135 页。

② 杨伯峻《论语译注》,北京:中华书局,1980 年,第 135—136 页。

③ 邢昺《论语注疏》,《四部要籍注疏丛刊》,北京:中华书局,1998 年,第 418 页。

51. 子曰:"君子和而不同,小人同而不和。"

此为《论语》第十三篇《子路》之第二十三章。①

正平本《论语集解》云:"君子心和,然其所见各异,故曰不同。小人所嗜好者同,然各争其利,故曰不和也。"②

杨伯峻《论语译注》说:"君子用自己的正确意见来纠正别人的错误意见,使一切都做到恰到好处,却不肯盲从附和。小人只是盲从附和,却不肯表示自己的不同意见。"③

[**按**]　对于孔子所谓的"和"与"不同",何氏的解释是比较好的,即"和"谓"心和","不同"谓"所见各异"之类。杨氏认为"和"谓"用自己的正确意见来纠正别人的错误意见,使一切都做到恰到好处","不同"谓"却不肯盲从附和"之类,似乎距离原意远了一点,不太合适。程氏《集释》:"《四书辨疑》:和则固无乖戾之心,只以无乖戾之心为和,恐亦未尽。若无中正之气,专以无乖戾为心,亦与何比之意相邻,和与同未易辨也。中正而无乖戾,然后为和。凡在君父之侧,师长朋友之间,将顺其美,匡救其恶,可者献之,否者替之,结者解之,离者合之,此君子之和也。而或巧媚阴柔,随时俯仰,人曰可,己亦曰可,人曰否,己亦曰否,惟言莫违,无唱不和,此小人之同也。晏子辨梁丘据非和,以为'君所谓可,而有否焉,臣献其否,以成

---

① 杨伯峻《论语译注》,北京:中华书局,1980 年,第 141 页。

② 正平本《论语集解》,《四部要籍注疏丛刊》,北京:中华书局,1998年,第 60 页。

③ 杨伯峻《论语译注》,北京:中华书局,1980 年,第 142 页。

其可。君所谓否,而有可焉,臣献其可,以去其否'云云,此论辩析甚明,宜引以证此章之义。"①

①　程树德《论语集释》,《四部要籍注疏丛刊》,北京:中华书局,1998年,第 1990 页。

52. 子曰："邦有道,危言危行;邦无道,危行言孙。"

　　此为《论语》第十四篇《宪问》之第三章。①

　　正平本《论语集解》:"苞氏曰:'危,厉也。邦有道,可以厉言行也。'"又"'逊,顺也。厉行不随俗,顺言以远害也。'"②

　　杨伯峻《论语译注》说:"政治清明,言语正直,行为正直;政治黑暗,行为正直,言语谦顺。"又"《广雅》云:'危,正也。'王念孙《疏证》即引《论语》此文来作证,更为恰当,译文即用此解。"③

　　[按]　"危言危行",即是何氏所云厉言厉行。厉,就是严厉。皇侃《论语义疏》即作"严厉其言行"④解,是对的。杨氏据《广雅》作"危,正也"解,似不如何氏所解妥当。

---

　　①　杨伯峻《论语译注》,北京:中华书局,1980 年,第 146 页。

　　②　正平本《论语集解》,《四部要籍注疏丛刊》,北京:中华书局,1998 年,第 62 页。

　　③　杨伯峻《论语译注》,北京:中华书局,1980 年,第 146 页。

　　④　皇侃《论语义疏》,《四部要籍注疏丛刊》,北京:中华书局,1998 年,第 257 页。

53. 羿善射,奡盪舟,俱不得其死然。

此为《论语》第十四篇《宪问》之第五章。全文为:"南宫适问于孔子曰:'羿善射,奡盪舟,俱不得其死然。禹、稷躬稼而有天下。'夫子不答。……"①

正平本《论语集解》云:"孔安国曰:'羿,有穷之君也,篡夏后相之位,其臣寒浞杀之,因其室而生奡,奡多力,能陆地行舟,为夏后少康所杀也。'"②邢昺《论语注疏》云:"奡,寒浞之子,多力。盪,推也。能陆地推舟而行,为夏后少康所杀。"又,"《说文》云:'羿,帝喾射官也。'贾逵云:'羿之先祖世为先王射官,故帝喾赐羿弓矢,使司射。'《淮南子》云:'尧时十日并生,尧使羿射九日而落之。'《楚辞·天问》云:'羿焉彃日,乌解羽归。'《藏易》亦云:'羿彃十日。'《说文》云:'彃者,射也。'此三者言虽不经,难以取信。要言,帝喾时有羿,尧时亦有羿,则羿是善射之号,非复人之名字。信如彼言,则不知此羿名为何也?"③

杨伯峻《论语译注》说:"羿擅长射箭,奡擅长水战,都没得到好死。"④

[按] "羿善射",邢氏疏中讲得很清楚,即"要言,帝喾时有羿,尧时亦有羿,则羿是善射之号,非复人之名字。信如彼言,则不

---

① 杨伯峻《论语译注》,北京:中华书局,1980 年,第 146 页。

② 正平本《论语集解》,《四部要籍注疏丛刊》,北京:中华书局,1998 年,第 62 页。

③ 邢昺《论语注疏》,《四部要籍注疏丛刊》,北京:中华书局,1998 年,第 425 页。

④ 杨伯峻《论语译注》,北京:中华书局,1980 年,第 146 页。

知此羿名为何也"？至于"奡盪舟"，何氏引孔安国云："奡多力，能陆地行舟，为夏后少康所杀也。"邢氏云："盪，推也。能陆地推舟而行，为夏后少康所杀。"这些解释很清楚，犯不着用现代汉语改译为"奡擅长水战"。前汉孔安国之所以将"奡盪舟"不解为"奡擅长水战"，而要解为"能陆地行舟"，总有他的根据。何况像当日奡这样的多力之辈，曾有"陆地行舟"之事，并非不可能。因此，古代的解释从何氏、皇氏，直到邢氏，都用他的说法，可见有一定的道理，不能轻易否定。

54. 子路问成人。……（子）曰："今之成人者何必然？见利思义，见危授命，久要不忘平生之言，亦可以为成人矣。"

此为《论语》第十四篇《宪问》之第十二章。①

正平本《论语集解》于文末云："孔安国曰：'久要，旧约也。平生犹少时也。'"②邢昺《论语注疏》云："言与人少时有旧约，虽年长贵达，不忘其言。"③

杨伯峻《论语译注》道："经过长久的穷困日子都不忘记平日的诺言。"④

[按] 孔安国解"久要"为"旧约"。何氏《集解》、邢氏《注疏》等旧注均相承用，笔者认为是有道理的。全句即为根据长久的要约，不忘记少时的诺言。杨注将"久要"解为"经过长久的穷困日子"，又将"平生"解为"平日"，似乎都不太妥当。

---

① 杨伯峻《论语译注》，北京：中华书局，1980 年，第 149 页。

② 正平本《论语集解》，《四部要籍注疏丛刊》，北京：中华书局，1998 年，第 63 页。

③ 邢昺《论语注疏》，《四部要籍注疏丛刊》，北京：中华书局，1998 年，第 427 页。

④ 杨伯峻《论语译注》，北京：中华书局，1980 年，第 149 页。

55. 子路曰:"桓公杀公子纠,召忽死之,管仲不死。"曰:"未仁乎?"子曰:"桓公九合诸侯,不以兵车,管仲之力也。如其仁,如其仁。"

子贡曰:"管仲非仁者与? 桓公杀公子纠,不能死,又相之。"子曰:"管仲相桓公,霸诸侯,一匡天下,民到于今受其赐。微管仲,吾其被发左衽矣。岂若匹夫匹妇之为谅也,自经于沟渎而莫之知也?"

此为《论语》第十四篇《宪问》之第十六章和第十七章。①

由于孔子平日品评人物时所持关于仁人的标准相当严格,孔门高弟中无一人能获得仁人之评,哪怕他最得意的弟子颜渊。就是春秋时代列国的一些贤大夫,如楚国令尹子文②、齐国大夫陈文子③、卫国大夫公叔文子④等,也未被孔子评为仁者;又由于像《论语·八佾》篇提到的那样,孔子认为管仲器量狭小,不节俭,不知礼;还由于孔子有"志士仁人,无求生以害仁,有杀身以成仁"⑤之类的教诲;加之管仲在齐国两个公子争立中,不为其所辅佐的公子

---

① 杨伯峻《论语译注》,北京:中华书局,1980 年,第 151—152 页。
② 杨伯峻《论语译注》,北京:中华书局,1980 年,第 49 页。
③ 杨伯峻《论语译注》,北京:中华书局,1980 年,第 49 页。
④ 杨伯峻《论语译注》,北京:中华书局,1980 年,第 152 页。
⑤ 杨伯峻《论语译注》,北京:中华书局,1980 年,第 163 页。

纠殉死,反而相桓公,因此孔门弟子子路、子贡之辈本来都以为管仲其人够不上仁人的标准,相继以管仲"未仁乎"、"非仁者与"之类不疑而问的口气发问,没想到孔子的回答却是相反的。孔子在这后两条评论中,不但认为管仲功劳大,贡献大,有仁德,属于仁人,还对其不死纠而相桓公的行为也给予了肯定。关于孔子所作出的这一类评价,不只出乎当时孔门弟子的意外,也引起了历代学者的争论。

《宪问》篇所载"如其仁,如其仁"这两句强调语,是孔子根据其仁学的实践标准对管仲所作的结论性评价。历代学者对此所持的看法和观点基本上可以分为肯定、半肯定和否定三派。

肯定派认为孔子评管仲为有仁德者,即仁人。如正平本《论语集解》于"如其仁"二语下引孔安国解云:"谁如管仲之仁矣?"①意谓很少有人能比得上管仲的仁德。又如于"管仲非仁者与"章下引王肃解云:"管仲、召忽之于公子纠,君臣之义未正成,故死之未足深嘉,不死未足多非,死事既难,亦在于过厚,故仲尼但美管仲之功,亦不言召忽不当死也。"②意在说明管仲虽然不为公子纠而死,但不妨其为仁人。这也是为孔子的仁人之评作推解。王引之谓:"如,犹乃也。……'如其仁!如其仁!'言管仲不用民力而天下安,乃其仁,乃其仁也。"③杨伯峻用王引之说,将"如其仁"两句译为"这就是管仲的仁德,这就是管仲的仁德。"④

以上所引四家之说作解的方式各有不同,说法也不完全一致,但对孔子给予管仲的评价的认识基本上是一致的,都认为孔子称

---

① 正平本《论语集解》,《四部要籍注疏丛刊》,北京:中华书局,1998年,第64页。

② 正平本《论语集解》,《四部要籍注疏丛刊》,北京:中华书局,1998年,第65页。

③ 王引之《经传释词》,长沙:岳麓书社,1990年,第146页。

④ 杨伯峻《论语译注》,北京:中华书局,1980年,第151页。

许管仲为有仁德的人。

半肯定派认为,孔子谓管仲有仁者之功,但未许其为仁人。如朱熹曰:"盖管仲虽未得为仁人,而其利泽及人,则有仁之功矣。"①朱氏平日答弟子问,曾谓汉高祖、唐太宗未可谓之仁人,但有仁者之功,并谓"管仲之功,亦犹是也"。②顾炎武道:"君臣之分所关者在一身,华裔之防所系者在天下,故夫子之于管仲,略其不死子纠之罪,而取其一匡九合之功。盖权衡于大小之间,而以天下为心也。"③这也是强调孔子以仁论管仲,只着眼于其功劳之大。

否定派则认为孔子未曾以仁论管仲。如俞樾在所引《法言》"吾闻先生相与言,则以仁与义;市井相与言,则以财与利。如其富,如其富"一段原文下解云:

> "如其富",言如何其以富也? 重言之者,深疾之之辞。此句法本于《论语》之"如其仁,如其仁"。孔安国注云:"谁如管仲之仁?"增字解经,颇非经旨。以杨子之意推之,则"如其仁"者,不许之也。孔子于管仲,但许其事功之盛,而未尝予之以仁,故其意若曰:论管仲者,但以事功论之足矣,如何其以仁也? 如何其以仁也? 即下章"民到于今受其赐",可谓推许之至,而于仁字固不一及也。非杨子此文,则孔子之意不见矣。④

即谓《法言》拟《论语》而作,句法相似,"如其富",是"言如何其以

---

①　朱熹《论语集注》,《四部要藉注疏丛刊》,北京:中华书局,1998 年,第 633 页。

②　黎靖德《朱子语类》,北京:中华书局,1999 年,第 1128 页。

③　顾炎武《日知录》,上海:上海古籍出版社,1984 年,第 584 页。

④　俞樾《诸子平议》,北京:中华书局,1959 年,第 678 页。

富也"？即不许其富之意。同样,《论语》之"如其仁",是言如何其以仁也？也是不许其仁的意思。说明孔子未曾以仁论管仲。

综上所论,可以看出,历代各派学者对孔子论管仲时所说"如其仁"二语的理解各不相同。

应该看到,对于孔子论管仲时所说"如其仁"二语如何理解,既关系到对管仲的评价问题,也关系到对孔子本人思想方法的认识问题,还关系到对中国古代学术流派的分辨问题,因此有必要对历代各派学者在这一问题上所表现的不同观点作出评断。

[**按**]　肯定派学者的观点基本上符合孔子的本意,但有些说法不一定妥当;半肯定派的观点带有片面性;否定派的观点则不符合孔子的本意。这是因为:

第一,考核上文所引孔子所作第一条评论,子路举出管仲不为公子纠杀身的事实之后,不疑而问道:"未仁乎?"意谓管仲该不会是有仁德的人吧？孔子答道:"桓公九合诸侯,不以兵车,管仲之力也。如其仁,如其仁。"显然,孔子的答语是相反于子路之问而肯定的,先撮举管仲的功劳,再肯定地指出:"这就是管仲的仁德。"而且强调了两遍。根据此处的文法、文意,一问一答,问者不认为管仲是有仁德的人,而答者却肯定管仲是有仁德的人,明明白白,毫不含糊,不容乱作解释。同样,核诸上文所引孔子所作第二条评论,子贡根据管仲不死纠反而出相于其争位对手桓公的事实,不疑而问道:"管仲非仁者与?"意谓管仲该不是仁人吧？孔子的回答也是相反于子贡之问而肯定的。这回他虽然没有直接说管仲是仁人,但却用事实表达了同样的意思。先谓"管仲相桓公,霸诸侯,一匡天下,民到于今受其赐",括举了管仲的伟大历史功绩及天下万民所得到的恩惠;接着谓"微管仲,吾其被发左衽矣",形象地说明了管仲在保卫中原先进文明中所起的无可替代的重要作用:功绩如此巨大,作用如此重要,正是对"管仲非仁者与"一问的否定回答。否定之否定便是肯定,因此也就表明孔子认为管仲当然是仁人。最后谓"岂若匹夫匹妇之为谅也,自经于沟渎而莫之知也",说明管仲不为公子纠而死有其特殊原因,不能一概而论,以否定其为仁人。根据此处的文法、文意,也是一问一答,问者不以为管仲是仁人,而答者却举用理据肯定管仲是仁人,同样明明白白,毫不含糊,不容乱作解释。可见俞氏谓此处"而于仁字固不一及也",因而认为孔子不以仁许管仲,实属未能正确理解此处文法、文意而致误。

第二,否定派学者,即俞氏立说的根据在于认定《法言》"如其富,如其富"之类句法本于《论语》"如其仁,如其仁",并以自拟的"如何其以 A 也"理解模式解释"如其 A"这类句式,从而得出不许其富,不许其仁之类的结论。在上文所引俞氏《法言》解中,俞氏曾批评孔安国《论语》注"谁如管仲之仁"一解是"增字解经,颇非经旨",其实,俞氏所拟"如何其以 A 也"模式也是"增字解经",也"颇非经旨",而且是以百步笑五十步。懂得古汉语语法的人都能体会到,古字"如"、"乃"一声之转,"如其 A"句式,按照王引之"乃其 A"的说法去理解最为妥当,绝不应该理解为"如何其以 A 也"。"乃其 A",是承认 A,这种理解与元典含意一致;"如何其以 A 也",是不承认 A,这种理解改变了元典的语气,显然与其含意不一致。俞氏致误的原因,恐怕一半在于他当初没有把所解《法言》原文引全。《法言·学行》篇云:

> 或谓子之治产,不如丹圭之富。曰:"吾闻先生相与言,则以仁与义;市井相与言,则以财与利。如其富,如其富。"①

俞氏引文舍去了"曰"字以上的两句,只引了"吾闻先生"云云以下的部分。凡细心的读者都会注意到,原文结尾"如其富"二句主要

---

① 扬雄《法言》,《诸子集成》,上海:上海书店,1990 年,第七册,《法言》第 3 页。

是回应开头"子之治产,不如丹圭之富"二句而发,而不是回应"吾闻"云云以下各句而发。扬氏原文的大意是为他谈论仁义道德作辨解。可译为:

> 有人说,您治产业的方法,不如丹圭的方法容易致富,我应道:"我听说先生君子们在一起谈话,谈的是仁和义;市井百姓们在一起谈话,谈的是财和利。(我谈仁与义),这就是我的财富,这就是我的财富。"

很明显,"如其富",即"乃其富",亦即"这就是我的财富"。只有这样理解,整个文意才能贯通,也与《法言》自问自答的文体相合。俞氏未能弄通扬氏此处的文意,对所解原文引用不全,误以为结尾"如其富"二句是回应"吾闻"云云以下文句而发,便强作解,虚拟出"如何其以富也"这样的解语,以致割裂原文,让扬雄自我否定,解语与原文驴头不对马嘴,整个文意无法贯通,也对所解文体失于照应。更为严重的是,解者急急忙忙套用"如何其以 A 也"这样的错误模式,强解《论语》,得出孔子未曾以仁论管仲的错误结论。误解一书,又殃及他书,诬古误今。

俞氏使用推演法,在误解《法言·学行》篇,随之误说《论语·宪问》篇的同时,又乘势扬帆,用"如何其以 A 也"的错误模式推解《法言·吾子》篇,其文云:

> 《吾子》篇:"或问屈原智乎。曰:'如玉如莹,爰见丹青。如其智,如其智。'此与孔子之论管仲正可互明。盖若管仲者,论其事功可也,不必论其仁也。若屈原者,论其志节可也,不必论其智也。"①

---

① 俞樾《诸子平议》,北京:中华书局,1959 年,第 678—679 页。

同样,"如其智"二语是为回应首句"屈原智乎"而发,而不是为回应"如玉"云云以下文句而发,因此"如其智",即"乃其智",亦即"这就是他的智慧",是肯定屈原的智慧。这样理解,与《法言》的整个文体文例相合。俞氏囿于其开头"如其富"之误解,理解为"如何其以智也",不以智许屈原,故误谓"若屈原者,论其志节可也,不必论其智也"。可知其所谓"不必论管仲之仁也"的推论也是错误的。

上述各节表明,在历代学者关于孔子论管仲问题的纷争中,只有肯定派学者的理解符合孔子的本意,即认为管仲是有仁德的人,亦即仁人。那么孔子的这种评论有何根据? 是否正确呢?

首先,根据孔子仁学的实践标准,他在评论人物仁与否时主要关注了两个问题:一是已经做得如何,而不是将会做得如何;一是功劳大小、贡献大小。根据前一个问题,七十子中的高足弟子虽然注重品德修养,各有所成,但总的说来,他们尚处在学习和锻炼阶段,缺乏社会实践,未可定论,因此包括其最得意的弟子颜渊在内,均不作仁人之评。相反,管仲是历史名人,德业显著,故衡之、绳之,许其为仁人。根据后一个问题,楚国令尹子文、郑国执政子产等人虽然德行有闻,但功劳和贡献一般,而且局限在各自的小朝廷范围内,故称其贤而不许其仁。相反,管仲相桓公,霸诸侯,尊王攘夷,救亡济困,功劳盖世,誉满天下,故许之为仁。而且《雍也》篇载:"子贡曰:'如有博施于民而能济众,何如? 可谓仁乎?'子曰:'何事于仁! 必也圣乎!'"据此,可知在孔子看来,能够博施而济众的人,不仅仅是仁人,还该算作圣人。管仲相桓公,有大功劳、大贡献于天下,堪称博施济众,唯计其有器量小、不节俭、不知礼等缺陷,故终不以圣论,而以仁论。由此可知,孔子以仁许管仲,既有理论上的根据,也有事实根据,非轻易之谈,属于深思熟虑之定见。

还有,如何理解管仲不死公子纠一事,是理解孔子论管仲问题的关键之一。因此考察一下有关的背景资料非常必要。《管子·

大匡》篇载，齐僖公生有三个公子，即诸儿、纠①、小白。使管仲、召忽傅纠，鲍叔傅小白。鲍叔以为小白年幼，不肖而贱，无继位希望，故不愿受命，称疾不出。管、召二人去见鲍叔。召忽同意鲍叔不受命，管仲不同意，发生了如下争执：

> （召曰）"吾观小白，必不为后矣。"管仲曰："不然也。夫国人曾恶纠之母，以及纠之身，而怜小白之无母也。诸儿长而贱，事未可知也。夫所以定齐国者，非此二公子者，将无已也。小白之为人，无小智，惕而有大虑，非夷吾莫容小白。天下不幸降祸加殃于齐，纠虽得立，事将不济。非子定社稷，其将谁也？"召忽曰："百岁之后吾君卜世，犯吾君命，而废吾所立，夺吾纠也，虽得天下，吾不生也。兄与我齐国之政也，受君令而不改，奉所立而不济，是吾义也。"管仲曰："夷吾之为君臣也，将承君命，奉社稷，以持宗庙，岂死一纠哉？夷吾之所死者，社稷破，宗庙灭，祭祀绝，则夷吾死之。非此三者，则夷吾生。夷吾生，则齐国利；夷吾死，则齐国不利。"鲍叔曰："然则奈何？"管子曰："子出奉令则可。"鲍叔许诺，乃出奉令，遂傅小白。②

这段文献资料告诉我们，管仲虽然与召忽俩人受命辅佐公子纠，但他对当时齐国的形势和三位公子的情况有自己独到的看法，而且看好小白（即后来的桓公）的未来，故坚持说服鲍叔奉令辅佐。召忽见公子纠而不见齐国，倘夺纠命，誓将不生。管仲因齐国而见公子纠，倘社稷、宗庙尚存，即使纠事不济，也不会因此而轻生。故后来齐国内乱，小白自莒国先入，鲁国伐齐，企图送纠入齐争位，战于

---

① 纠，《管子》作"乿"，二字通用。

② 戴望《管子校正》，《诸子集成》，上海：上海书店，1990 年，第五册《管子》第 102 页。

乾时,管仲射小白中钩,几乎致小白于死地。鲁军终于战败。桓公即位,胁鲁杀纠,智得管、召,欲让他们共同辅政。束缚入齐国境,召忽自刎而死,管仲不死,终于辅佐桓公,成就霸业。由此可知,管仲抱负远大,才具非凡,他所看重的是齐国的兴衰,天下的安危,并不是一个争位公子的成败。因此当他辅佐的公子纠尚有希望入国争位,可借以施展其雄才大略时,也不怕一死,力战于乾时。当鲁国战败,桓公践位,公子纠被杀时,他便把施展才略的希望寄托在鲍叔身上,知道鲍叔会推荐他,桓公会举用他,齐国乃至天下都需要他,所以他当然不会为了公子纠而默默地死去。管、鲍为至交,鲍甚依重管。由于鲍叔力荐,也由于桓公求才若渴,管仲得以化凶为吉,高居相位,终于实现了他兴齐国、安天下的夙愿。

　　要知道,这一切发生在春秋前期,即公元前 680 年前后。当时中国还没有一臣不事二主的忠君观念。召忽虽然甘愿为公子纠殉身,但那只是他个人的行为,远没有形成人们的共识。而且要知道管仲属于法家,法家主张以法治国,处处强调法治思想,君臣关系也不例外。故《管子·君臣上》云:"君失其道,无以有其国;臣失其事,无以有其位。然则上之畜下不妄,而下之事上不虚矣。上之畜下不妄,则所出法制度者明也。下之事上不虚,则循义从令者审也。上明下审,上下同德,代相序也。"①很明显,他所强调的是君臣的互动及互相负责,而且先责于君,后责于臣。上有国,下有位;上不妄,下不虚;上明下审。如此而已。法家管仲辞世近百年之后,儒家的创始人孔子方诞生于人世。孔子提出了忠君思想,但也只说:"君使臣以礼,臣事君以忠。"②强调双向互动,若君使臣不以礼,则臣事君不必以忠,并不主张一臣不事二主。故孔子不见用于

---

　　①　戴望《管子校正》,《诸子集成》,上海:上海书店,1990 年,第五册《管子》第 163 页。

　　②　杨伯峻《论语译注》,北京:中华书局,1980 年,第 30 页。

鲁,则周游列国,企图择明主而事之。只有到了高度统一的封建专制国家确立之后,即西汉时代,才有可能产生将忠君观念绝对化的思想。正因为如此,管仲不为公子纠而死,他自己并无惭德,召忽不怪罪,鲍叔高兴,桓公能相,时人无责。《大匡》篇还谓:"管仲遂入。君子闻之曰:'召忽之死也,贤其生也。管仲之生也,贤其死也。'"①也正因为如此,孔子论管仲,对其不死纠而相桓公的行为给予了肯定,并因其大功劳、大贡献而许之为仁者。可见孔子的评论既符合历史现实,也符合当时思想界的主流观念,这是一种正确地、历史地看问题的方法。而汉代以后一些学者所提出的"君臣之义未正成"②、"虽是大节已失,毕竟他若有功时,只得道他是有功"③、"略其不死子纠之罪"④之类的说法,持汉代以后儒家的君臣观念上论古人,无异于要求历史倒转,显然是不妥当的。

总之,孔子对管仲的评论曾引起了历代学者的争论,其中肯定派的看法基本符合孔子的本意,即认为管仲具有仁德,是一位仁人。孔子的这一评价有其理论上的根据,符合历史事实,因此是正确的。

---

① 戴望《管子校正》,《诸子集成》,上海:上海书店,1990 年,第五册《管子》第 104 页。

② 正平本《论语集解》,《四部要籍注疏丛刊》,北京:中华书局,1998 年,第 65 页。

③ 黎靖德《朱子语类》,北京:中华书局,1999 年,第 1129 页。

④ 顾炎武《日知录》,上海:上海古籍出版社,1984 年,第 584 页。

56. 子曰："君子上达,小人下达。"

此为《论语》第十四篇《宪问》之第二十三章。①

正平本《论语集解》云："本为上,末为下也。"②皇侃《论语义疏》云："上达者,达于仁义也。下达,谓达于财利,所以与君子反也。"③

朱熹《论语集注》云："君子循天理,故日进乎高明。小人殉人欲,故日究乎污下。"④

[**按**]　何氏与皇氏所解是对的。君子达于本,小人达于末。达于本,即达于仁义。达于末,即达于财利。因为古代以仁义为本,以财利为末。本最为重要,财利次于本。本末二者兼顾,方为完全。因此,所谓"君子",是泛指有才德的人。所谓"小人",是泛指劳动人民。朱氏将此处的"小人"界定为"殉人欲"、"究乎污下",泛指行为不正派和闻见浅薄的人,似有未妥。程氏《集释》曰："《四书近指》:上下无尽境,君子小人皆非一日而至。君子日长进一日,初亦为难而试勉之,久而所勉者安以为常。小人日沉沦一日,初亦疑而尝试之,久而所尝者恬不为怪。两人各有乐处,故不能自已。要之只从一念起,分别路头,只在戒惧慎独。"⑤

---

①　杨伯峻《论语译注》,北京:中华书局,1980 年,第 154 页。

②　正平本《论语集解》,《四部要籍注疏丛刊》,北京:中华书局,1998 年,第 66 页。

③　皇侃《论语义疏》,《四部要籍注疏丛刊》,北京:中华书局,1998 年,第 264 页。

④　朱熹《论语集注》,《四部要籍注疏丛书》,北京:中华书局,1998 年,第 636 页。

⑤　程树德《论语集释》,《四部要籍注疏丛书》,北京:中华书局,1998 年,第 2057—2058 页。

57. 子曰:"古之学者为己,今之学者为人。"

此为《论语》第十四篇《宪问》之第二十四章。①

正平本《论语集解》云:"孔安国曰:'为己,履而行之。为人,徒能言之也。'"②邢昺《论语注疏》曰:"此章言古今学者不同也。古人之学,则履而行之,是为己也。今人之学,空能为人言说之,己不能行,是为人也。"③

杨伯峻《论语译注》说:"古代学者的目的在修养自己的学问道德,现代学者的目的却在装饰自己,给别人看。"④

[按] 关于"今之学者为人"一句,何氏和邢氏的解说是对的,即"徒能言之也"和"今人之学,空能为人言说之,己不能行"云云。杨氏的解说"现代学者的目的却在装饰自己,给别人看",显然比前者低了一等。这种人是有的,但毕竟是少数。大部分人属于"空能为人言说之,己不能行"一类。因此,孔子便以"为人"二字言之,已经比"为己"一类似乎低了一等。程氏《集释》曰:"《四书辨疑》:欲得之于己,此为为己之公。欲见知于人,此为为己之私。两句皆是为己,为人之义不可通也。盖为己,务欲治己也。为人,务欲治人也。但学治己,则治用之义斯在。专学治人,则治己之本斯亡。若于正心修己以善自治之道不用力焉,而乃专学为师

---

① 杨伯峻《论语译注》,北京:中华书局,1980 年,第 154 页。
② 正平本《论语集解》,《四部要籍注疏丛刊》,北京:中华书局,1998年,第 66 页。
③ 邢昺《论语注疏》,《四部要籍注疏丛刊》,北京:中华书局,1998 年,第 430 页。
④ 杨伯峻《论语译注》,北京:中华书局,1980 年,第 155 页。

教人之艺,专学为官治人之能,不明己德,而务新民,舍其田而芸人之田,凡如此者,皆为人之学也。"①

①　程树德《论语集释》,《四部要籍注疏丛刊》,北京：中华书局,1998年,第 2059 页。

58. 下学而上达。

此为《论语》第十四篇《宪问》之第三十五章。全文为："子曰：'莫我知也夫！'子贡曰：'何为其莫知子也？'子曰：'不怨天，不尤人，下学而上达。知我者其天乎！'"①

正平本《论语集解》云："孔安国曰：'下学人事，上知天命也。'"②

杨伯峻《论语译注》说："学习一些平常的知识，却透澈了解很高的道理。"③

[按] 何氏所引孔氏的解释可取，即"下学人事，上知天命"，概括了孔子此时所论他自己的各类知识。杨氏的解说似乎离孔子此时所说的"下学而上达"的情况疏远了一些。程云："《松阳讲义》：学者读这章书，须知圣人只是这下学。一部《五经》、《四书》，都是说下学。若不从下学入手，纵智勇绝世，却是门外汉。然不曾打破得怨尤一关，亦不能下学。此一关最难，无论他人，即屈原行吟泽畔，只做得怨尤，不曾做得下学。须先将自家胸中怨尤病根尽情斩去，不留丝毫，方能下学。"④

---

① 杨伯峻《论语译注》，北京：中华书局，1980 年，第 156 页。

② 正平本《论语集解》，《四部要籍注疏丛刊》，北京：中华书局，1998年，第 67 页。

③ 杨伯峻《论语译注》，北京：中华书局，1980 年，第 156 页。

④ 程树德《论语集释》，《四部要籍注疏丛刊》，北京：中华书局，1998年，第 2074 页。

59. 明日遂行。

此为《论语》第十五篇《卫灵公》之第一章。全文为："卫灵公问陈于孔子。孔子对曰：'俎豆之事，则尝闻之矣；军旅之事，未之学也。'明日遂行。"①

朱熹《论语集注》"明日遂行"一句即如上。②

皇侃《论语义疏》"明日遂行"一句却冠在此篇第二章"在陈绝粮"之开头。③

［**按**］　何氏《集解》、邢氏《注疏》等均如皇氏《义疏》，将"明日遂行"一句冠于第二章开头，但这样的归类显然有误，不如朱氏之归类合理，应该依从朱氏。

---

①　杨伯峻《论语译注》，北京：中华书局，1980 年，第 161 页。

②　参见朱熹《论语集注》，《四部要籍注疏丛刊》，北京：中华书局，1998 年，第 644 页。

③　参见皇侃《论语义疏》，《四部要籍注疏丛刊》，北京：中华书局，1998 年，第 268 页。

60. 子曰:"君子固穷,小人穷斯滥矣。"

此为《论语》第十五篇《卫灵公》之第二章。全文为:"在陈绝粮,从者病,莫能兴。子路愠见曰:'君子亦有穷乎?'子曰:'君子固穷,小人穷斯滥矣。'"①

正平本《论语集解》云:"君子固亦有穷时,但不如小人穷滥溢为非也。"②

杨伯峻《论语译注》说:"孔子道:'君子虽然穷,还是坚持着;小人一穷便无所不为了。'"③

[**按**]　何氏"固亦有穷时",将"固"字作为副词"本来"、"原来"讲,皇氏、邢氏、朱氏均如此。杨氏则在《论语词典》中将"固"字作为"固守"之意。在正文中译为"坚持"讲。按照古人的习惯,还是作为副词来看待比较妥当。

①　杨伯峻《论语译注》,北京:中华书局,1980 年,第 161 页。

②　正平本《论语集解》,《四部要籍注疏丛刊》,北京:中华书局,1998年,第 69 页

③　杨伯峻《论语译注》,北京:中华书局,1980 年,第 161 页。

61. 子曰:"躬自厚而薄责于人,则远怨矣。"

　　此为《论语》第十五篇《卫灵公》之第十五章。①

　　正平本《论语集解》云:"孔安国曰:'自责己厚,责人薄,所以远怨咎也。'"②杨伯峻《论语译注》说:"躬自厚——本当作'躬自厚责','责'字探下文'薄责'之'责'而省略。"③

　　皇侃《论语义疏》引又一说云:"蔡谟曰:'儒者之说虽于义无违,而于名未安也。何者,以自厚者为责己,文不辞矣。厚者,谓厚其德也,而人又若己所未能而责物以能,故人心不服。若自厚其德而不求多于人,则怨路塞,责己之美虽存乎中,然自厚之义不施于责也。'"④

　　[按]　此例两句,意思相关。若"躬自厚责而薄责于人,则远怨矣",两句意思则相符合。若"躬自厚其德而薄责于人,则远怨矣",两句意思则不甚相关。由此可证,前一释,即"躬自厚责"之释是对的,可从;而后一释,即"躬自厚其德"之释则是错的,不可从。另外,其所谓"以自厚者为责己,文不辞矣。厚者,谓厚其德也",属于误判。"自厚者"或为"责己",或为其他,那要看具体语境而定。若本语境,即"躬自厚而薄责于人,则远怨矣",则为"责己";若其他语境,则或不为"责己"。因此,像蔡氏一样,不论具体

------

　　①　杨伯峻《论语译注》,北京:中华书局,1980 年,第 165 页。

　　②　正平本《论语集解》,《四部要籍注疏丛刊》,北京:中华书局,1998 年,第 71 页。

　　③　杨伯峻《论语译注》,北京:中华书局,1980 年,第 165 页。

　　④　皇侃《论语义疏》,《四部要籍注疏丛刊》,北京:中华书局,1998 年,第 271 页。

语境，概仑"以自厚者为责己，文不辞矣"，则未妥。朱氏《集注》曰："责己厚，故身益修。责人薄，故人易从。所以人不得而怨之。"①

---

① 朱熹《论语集注》，《四部要籍注疏丛刊》，北京：中华书局，1998 年，第 649 页。

62. 子曰:"吾犹及史之阙文也。有马者借人乘之,今亡矣夫!"

此为《论语》第十五篇《卫灵公》之第二十六章。①

正平本《论语集解》云:"苞氏曰:'有马不能调良,则借人使习之。孔子自谓及见其人如此,至今无有矣。言此者,以俗多穿凿也。"②邢昺《论语注疏》云:"此章疾时人多穿凿也。子曰:'吾犹及史之阙文也'者,史是掌书之官。文,字也。古之良史于书字有疑则阙之,以待能者,不敢穿凿。孔子言,我尚及见此古史阙疑之文。'有马者借人乘之'者,此举喻也。喻己有马不能调良,当借人乘习之也。'今亡矣夫'者,亡,无也。孔子自谓及见其人如此阙疑。至今则无有矣,言此者以俗多穿凿。"③

杨伯峻《论语译注》说:"'史之阙文'和'有马借人乘之',其间有什么关联,很难理解。包咸的《论语章句》和皇侃的《义疏》都把它们看成两件不相关的事。"④

[按] 苞氏(即杨氏所说"包咸")谓"有马不能调良,则借人使习之。孔子自谓及见其人如此,至今无有矣"。说明"有马不能调良,则借人使习之",是孔子所见实事。由于所见这件事与"史之阙文"有某种关联,故以前者说明后者。皇侃的论述与此相似。

---

① 杨伯峻《论语译注》,北京:中华书局,1980年,第167页。

② 正平本《论语集解》,《四部要籍注疏丛刊》,北京:中华书局,1998年,第72页。

③ 邢昺《论语注疏》,《四部要籍注疏丛刊》,北京:中华书局,1998年,第442页。

④ 杨伯峻《论语译注》,北京:中华书局,1980年,第167页。

也说明两件事有某种关联,故以彼见此。邢氏《注疏》则谓"有马者借人乘之"则是"举喻","喻己有马不能调良,当借人乘习之也"。这两种解释基本上都符合《论语》文章事实,因此笔者认为是可取的。换言之,孔子对史之阙文尝能言之,则言之,尝不能言,则不言。就好比对马来说,能乘之,就乘,倘不能乘,则借人乘之。至今则没有这种态度了。对阙文,能言则言,不能言亦言。对马,自己能乘则乘之,不能乘,则闲搁着,亦不让人乘。杨氏则认为"'史之阙文'和'有马者借人乘之',其间有什么关联,很难理解",并认为包氏和皇氏的解释"都把它们看成两件不相关的事"。笔者认为,杨氏的说法欠妥。实际上,苞氏和皇氏都把"史之阙文"和"有马者借人乘之"看作为两件"相关连"的事情,认为"史之阙文"是历史事实。"有马者借人乘之"是孔子所知事实,两者之间有某种关联,故相取为说。邢氏《注疏》云:"古之良史于书字有疑则阙之以待能者,不敢穿凿,孔子言我尚见此古史阙疑之文。有马者借人乘之者,此举喻也,喻己有马不能调良,当借人乘习之也。今亡矣夫者,亡,无也。孔子自谓及见其人如此阙疑,至今则无有矣,言此者,以俗多穿凿。"①

---

① 邢昺《论语注疏》,《四部要籍注疏丛刊》,北京:中华书局,1998 年,第 442 页。

63. 子曰:"人能弘道,非道弘人。"

此为《论语》第十五篇《卫灵公》之第二十九章。①

正平本《论语集解》云:"材大者道随大,材小者道随小,故不能弘人也。"②朱熹《论语集注》云:"人心有觉而道体无为,故人能大其道,道不能大其人也。"③

杨伯峻《论语译注》说:"这一章只能就字面来翻译,孔子的真意何在,又如何叫做'非道弘人',很难体会。"④

[按]　何氏和朱氏的解释是对的,人能够廓大道,道不能够廓大人。人是有做为的,能够把道廓大,也能够把道缩小。道本身只是一种客观存在,不会自我起动什么廓大之或缩小之的作用。故曰:"非道弘人",即为"不是道能够廓大人"。杨氏谓"孔子的真意何在,又如何叫做'非道弘人',很难体会",关键在于以往的理解在于"道能够弘人"。其实只是人能够弘道,非道能够弘人。道本身只是一种客观存在,不会产生任何作用,而其任何作用只能在人的理解下才能产生,故曰"非道弘人"。皇氏《义疏》引"蔡谟曰:道者寂然不同,行之由人。人可适道,故曰人能弘道。道不适人,故曰非道弘也。"⑤

————————

①　杨伯峻《论语译注》,北京:中华书局,1980 年,第 168 页。

②　正平本《论语集解》,《四部要籍注疏丛刊》,北京:中华书局,1998 年,第 72 页。

③　朱熹《论语集注》,《四部要籍注疏丛刊》,北京:中华书局,1998 年,第 652 页。

④　杨伯峻《论语译注》,北京:中华书局,1980 年,第 168 页。

⑤　皇侃《论语义疏》,《四部要籍注疏丛刊》,北京:中华书局,1998 年,第 273 页。

64. 子曰:"君子贞而不谅。"

此为《论语》第十五篇《卫灵公》之第三十七章。①

正平本《论语集解》云:"孔安国曰:'贞,正也。谅,信也。君子之人正其道耳,言不必信也。'"②皇侃《论语义疏》云:"贞,正也。谅,信也。君子权变无常,若为事苟合道,得理之正,君子为之,不必存于小信,自经于沟渎也。"③

杨伯峻《论语译注》说:"君子讲大信,却不讲小信。"④

[按] 何氏《集解》和皇氏《义疏》所解是对的,"贞,正也。谅,信也。"谅,信也。皇氏解为"小信",也是对的。杨氏将"贞"字据贾子《道术篇》"言行抱一谓之贞",解为"讲大信"。笔者以为有失确当,不如据孔氏解"贞,正也"之直当明白。程氏《集释》曰:"黄氏《后案》:此言君子之危行孙言也。贞,信乎正也。谅者,言之信也。君子行事必守道之正,而言之信有时不拘守也。昭公七年《左传》'子产为丰施归州田',杜《注》引此文,邢《疏》谓段受晋邑。卒而归之,是正也。知宣子欲之而言,畏后祸,是不信。故杜氏引此文为证也。《汉书·王贡

---

① 杨伯峻《论语译注》,北京:中华书局,1980年,第170页。

② 正平本《论语集解》,《四部要籍注疏丛刊》,北京:中华书局,1998年,第73页。

③ 皇侃《仑语义疏》,《四部要籍注疏丛刊》,北京:中华书局,1998年,第274页。

④ 杨伯峻《论语译注》,北京:中华书局,1980年,第170页。

龚鲍传赞》曰：'贞而不谅，薛方近之'，颜《注》：'薛方志避乱朝，诡引巢许为喻，近此义也。'"①

---

① 程树德《论语集释》，《四部要籍注疏丛刊》，北京：中华书局，1998年，第 2179 页。

65. 无乃尔是过与？

此为《论语》第十六篇《季氏》之第一章。全文为："季氏将伐颛臾。冉有、季路见于孔子曰：'季氏将有事于颛臾。'孔子曰：'求！无乃尔是过与？夫颛臾，昔者先王以为东蒙主，且在邦域之中矣，是社稷之臣也。何以伐为？'……"①

杨伯峻《论语译注》说："孔子道：'冉求！这难道不应该责备你吗？……'"②又谓，"这里'过'字可看作动词，'是'字表示倒装之用的词，顺装便是'过尔'、'责备你'、'归罪于你'的意思。"③

何氏《集解》、皇氏《义疏》、邢氏《注疏》、朱氏《集注》，均无解。

[按] 对于"无乃尔是过与"这句话，何氏、皇氏等四家均无解，杨氏将其作为倒装句解，基本上是对的。"尔是过"，应该作"责备你"来理解，全句当译作"不是应该责备你吗"，最为妥当。

---

① 杨伯峻《论语译注》，北京：中华书局，1980 年，第 172 页。
② 杨伯峻《论语译注》，北京：中华书局，1980 年，第 173 页。
③ 杨伯峻《论语译注》，北京：中华书局，1980 年，第 174 页。

66. 公山弗扰以费畔，召，子欲往。子路不说，曰："末之也，已，何必公山氏之之也？"子曰："夫召我者，而岂徒哉？如有用我者，吾其为东周乎！"

佛肸召，子欲往。子路曰："昔者由也闻诸夫子曰：'亲于其身为不善者，君子不入也。'佛肸以中牟畔，子之往也，如之何？"子曰："然，有是言也。不曰坚乎，磨而不磷；不曰白乎，涅而不缁。吾岂匏瓜也哉？焉能系而不食？"

此为《论语》第十七篇《阳货》第五章①和第七章。②

这两段记载是说，鲁国季氏的邑宰公山弗扰盘据费邑作乱，召请孔子去，孔子想去，子路反对，孔子作了辩解。后来晋国执政赵简子攻打范、中行，其家臣佛肸盘据中牟造反，抗拒赵简子，也召请孔子去，孔子也想去，子路反对，师徒之间又发生了场辩论。这两个叛逆者先后都召请孔子过去，孔子两次都想去，不过终究都没有去成。由于世人都知道孔子是圣人，是正统思想的维护者，一向痛恨叛臣贼子，因此这两段记载，从古至今，一直让许多研究孔子的学者感到困惑，不知到底该如何作解，以致众说纷纭，莫衷一是。大致说来，传统派学者一般都认为孔子欲应叛者之召，既然载于

① 杨伯峻《论语译注》，北京：中华书局，1980 年，第 182 页
② 杨伯峻《论语译注》，北京：中华书局，1980 年，第 183 页。

《论语》中，便实有其事，表现了圣人处事的权变风范。疑古派学者以崔述为代表，则认为这两段记载明显违背了圣人行事之大节①，使其受诬于百世②，必无其事，盖战国横议之士所附会③，主张从《论语》中删除④。受崔氏之说影响，当代人解《论语》，对于此事之有无，往往也只能存疑⑤。可见，要弄清楚《论语》中的这两段记载究竟可信不可信，孔子欲应叛者之召事到底该如何理解，必须从逐一考察崔氏立说的观点和依据入手。

[按]　首先崔氏认为，《论语》所载孔子欲应公山弗扰之召，乃必无其事，但他立说的主要观点和依据大都有问题，不可靠。他认为，从定公十二年（前498）《左传》所载季氏将要堕毁费邑，公山不狃⑥、叔孙辄帅费人袭鲁事看，"是弗扰叛而孔子伐而败之耳，初无所为召孔子及孔子欲往之事也"⑦。而且其时孔子为鲁之司寇，听国政，弗扰不可能来召，孔子也不可能往应。⑧

---

① 参见崔述《崔东壁遗书》，上海：上海古籍出版社，1983 年，第286 页。

② 参见崔述《崔东壁遗书》，上海：上海古籍出版社，1983 年，第285 页。

③ 参见崔述《崔东壁遗书》，上海：上海古籍出版社，1983 年，第292 页。

④ 参见崔述《崔东壁遗书》，上海：上海古籍出版社，1983 年，第293 页。

⑤ 参见杨伯峻《论语译注》，北京：中华书局，1980 年，第 182 页。

⑥ "不狃"，即"弗扰"。《左传》、《史记》作"不狃"，《论语》作"弗扰"，实指公山氏一个人。

⑦ 参见崔述《崔东壁遗书》，上海：上海古籍出版社，1983 年，第283 页。

⑧ 参见崔述《崔东壁遗书》，上海：上海古籍出版社，1983 年，第284 页。

崔氏在这里犯了一个错误,即将《论语》所载"公山弗扰以费畔"云云与定公十二年(前498)《左传》所载公山不狃、叔孙辄帅费人袭鲁事强解为一回事,而且以后者代前者,说明"初无所为召孔子及孔子欲往之事"。其实,公山弗扰以费叛和召孔子,是一回事,发生在前。公山氏、叔孙氏帅费人袭鲁,是另一回事,发生在后。如定公五年(前505)《左传》载,季氏家臣阳虎专权,与季氏宰公山不狃合谋,欲逐除季氏的另一个家臣仲梁怀。①《史记·孔子世家》于定公五年(前505)至七年(前503)间补载:"其秋,怀益骄,阳虎执怀。桓子怒,阳虎因囚桓子,与盟而醳之。"②说明公山弗扰与阳虎联结,盘据费邑,早有叛迹。

定公八年(前502)《左传》载,公山不狃、叔孙辄等五人依凭阳虎,欲去三桓,为乱,执季桓子,欲杀之。桓子诈之,得脱。"阳虎入于讙、阳关以叛。"③《史记·孔子世家》所载略同。④ 说明此年公山弗扰等人伙同阳虎正式发生叛乱。

定公九年(前501)《左传》载,鲁师伐阳关,攻阳虎。阳虎奔齐。《孔子世家》于此年补载,"公山不狃以费畔季氏,使人召孔子",孔子欲往。⑤ 说明据司马氏所知,孔子欲应公山弗扰之召,其事即在定公九年(前501)。

根据以上所述《左传》与《史记》中的记载,公山弗扰伙同阳虎于定公八年发动叛乱,欲执季桓子而杀之,事败,阳虎入保阳关。明年,即定公九年(前501),鲁师攻阳关,阳虎奔往齐国。公山弗

---

①　参见孔颖达《春秋左传正义》,《十三经注疏》,北京:中华书局,1980年,第2137页。

②　司马迁《史记》,北京:中华书局,1982年,第1914页。

③　孔颖达《春秋左传正义》,《十三经注疏》,北京:中华书局,1980年,第2143页。

④　参见司马迁《史记》,北京:中华书局,1982年,第1914页。

⑤　参见司马迁《史记》,北京:中华书局,1982年,第1914页。

扰随即盘据费邑继续作乱,召请孔子,孔子言辞之间有欲往之意。此时孔子年已五十,尚未入仕。以上便是《论语》中所载公山弗扰以费叛之事。待到定公十二年(前498),季氏打算堕毁费邑,根除叛乱,公山弗扰、叔孙辄帅领费人袭鲁,其时孔子出任鲁国大司寇,指挥作战,打败了来袭者,公山弗扰与叔孙辄奔往齐国,遂堕毁费城。

由此可见,《论语》中所载公山弗扰以费叛,召孔子之事,与定公十二年(前498)《左传》所载公山弗扰等袭鲁之事,是一前一后所发生的两回事,不是一回事。崔氏为了否定《论语》中的记载,将前后所发生的两回事情强行说成是一回事情,而且以后者代替前者,显然是错误的。由于崔氏犯了这样的错误,所以他所得出的结论,即"刁无所为召孔子及孔子欲往之事也"自然是错误的。同样,其所谓其时孔子为鲁之司寇,听国政,弗扰不可能来召,孔子也不可能往应之类的说法也是错误的。

崔氏立说的第二个主要观点和依据是,他认为《史记》为了迁就《论语》,将费之叛由定公十二年(前498)移于定公九年(前503)。并认为定公九年(前503)鲁不以兵讨费,证明其时费不叛。故《史记》误,不可据。① 根据上述所论,我们知道,公山弗扰、叔孙辄伙同阳虎正式发动叛乱在定公八年(前504),事败,阳虎入保阳关。第二年 即定公九年(前503),鲁师伐阳关,阳虎奔齐,公山弗扰等盘据费邑继续作乱。其时鲁国连年内乱,鹿归谁手,很难预料。当时孔子尚未入仕。召孔子之事即发生在此时。《左传》失载其事,《孔子世家》载之,属于补载,并非故意为了迁就《论语》而移前记载其事。各种古籍中互相补载的事例非常多,今人记事也是如此,更何况司马氏与《论语》一书没有什么特别的关系,犯不

---

① 参见崔述《崔东壁遗书》,上海:上海古籍出版社,1983 年,第284 页。

着故意移前记载其事。公正的说法应该是,不是司马氏为了迁就《论语》而移前记载其事,而是崔氏为了否定《论语》中的记载故意将《史记》所载说成是"移"载。可见核诸史料,其所谓《史记》"移费之叛于定公九年"①的说法是不公正的,错误的。至于其以定公九年(前503)鲁师不伐费作为其时费不叛的前提条件,更是不妥当的,因为鲁师何时伐费与费叛不叛没有必然联系。根据以上所论,其时公山弗扰等盘据费邑继续作乱是历史事实,至于当年鲁师不伐费自有原因在。阳虎长期专季氏之权,干涉鲁国政治,并于定公八年(前502)正式发生叛乱,九年(前503)入保阳关,伺机反扑。因此定公九年(前503)对鲁国来说,其头等大事是解决阳虎的问题,而不是公山弗扰的问题。何况其时鲁国内乱多年,朝纲不振,家臣、大夫、君主互相猜疑,各求自保犹不暇,还有内政外交之事,费邑又是叛乱者的重要据点,故一时不可能攻得下,只能徐图对策,故一直拖到十二年(前498)才解决。可见,定公九年(前503)鲁师不伐费,有其原因在,并不是费未叛,鲁不伐。所以也不能由其时鲁师不伐费便证明《史记》所载有误,再以此证明《论语》中相关有误。

崔氏立说的第三个主要观点和依据是,他认为孔子修《春秋》,深恶乱臣贼子,公山弗扰背叛季氏,是乱臣贼子之流,孔子不可能前往辅之。因此不可能有其事。② 我们知道,孔子有强烈的用世观念,但定公九年(前503)之前,他一直不得志,未入仕。后来阳虎专季氏之权,干涉朝政,形成家臣僭大夫,大夫僭公室的局面,事态更为复杂,故阳虎欲让孔子出仕,孔子推辞不仕。但从另一个方面来看,季氏世代僭权专政,公山弗扰伙同阳虎,背叛季氏,欲除掉三桓,客观上也是一次否定之否定,在鲁国来说是一个大事

---

① 参见崔述《崔东壁遗书》,上海:上海古籍出版社,1983年,第284页。
② 参见崔述《崔东壁遗书》,上海:上海古籍出版社,1983年,第284页。

变,给孔子的出仕提供了一个可加以考虑的机会。而且孔子非常自信,只要能够得到用世的机会,他相信自己可以排除千难万险,把一个地方治理好,即所谓:"如有用我者,吾其为东周乎!"因此,当鲁国上下乱成一团,背叛季氏集团的公山弗扰召请时,他言语之间有可往之意,程度不同地表示了对公山氏背叛行为的同情和认可,不一定有必往之心。由于公山弗扰所背叛的不是孔子期望效力的公室,而正是公室的叛逆和贼首季氏,因此在孔子看来,他跟一般的乱臣贼子有别,故对他的背叛行为表示了某种程度的同情和认可。可见,《论语》中的这段记载跟《春秋》诛伐乱臣贼子之意并不矛盾,崔氏欲据后者否定前者,也是无益的。

以上所论表明,崔氏据以立说的三个主要观点和依据都是错误的,不可靠的。因此,其所谓孔子欲应公山弗扰之召,"必无其事"的说法,自然也是错误的,不可信从。

其次崔氏认为,《论语》中所载孔子欲应佛肸之召,亦无其事,盖属于战国横议之士的附会。[1] 他立说的主要观点和依据也仍然都是错误的,不可靠的。他认为佛肸之叛乃赵襄子时事,赵襄子立于鲁哀公二十年(前 475),其时孔子卒已五年,不可能有佛肸召孔子之事。[2] 其实,据《史记·孔子世家》和《左传》记载推之,佛肸之叛在鲁哀公二年(前 493),而不在二十年(前 475)。如《孔子世家》载:

> 孔子遂至陈。……岁余,吴王夫差伐陈,取三邑而去。赵

---

① 参见崔述《崔东壁遗书》,上海:上海古籍出版社,1983 年,第 292 页。

② 参见崔述《崔东壁遗书》,上海:上海古籍出版社,1983 年,第 292 页。

鞅伐朝歌。楚围蔡,蔡迁于吴。吴败越王句践会稽。①

"岁余"二字以下所载列国间发生的四件事,均见于鲁哀公元年(前494)《左传》。既然这些事件都是孔子首次到陈国后岁余(即鲁哀公元年,公元前494年)发生的,可知孔子首次到达陈国是在鲁定公十四年(前496)冬季前后。《世家》接下去有云:

> 孔子居陈三岁,……去陈。②

从鲁定公十四年(前496)冬到十五年(前495),再到鲁哀公元年(前494)底、二年(前493)开头,是孔子首次居留陈国的三年时间。可知孔子于鲁哀公元年(前494)底或二年(前493)初,离开陈国,过蒲,又回到卫国。《世家》接着有云:

> 灵公老,怠于政,不用孔子。……孔子行。
> 佛肸为中牟宰。赵简子攻范、中行,伐中牟。佛肸畔,使人召孔子。孔子欲往。③

《世家》接下去又有云:

> 夏,卫灵公卒。④

鲁哀公二年(前493)《左传》亦有云:

---

① 参见司马迁《史记》,北京:中华书局,1982年,第1922页。
② 司马迁《史记》,北京:中华书局,1982年,第1923页。
③ 司马迁《史记》,北京:中华书局,1982年,第1924页。
④ 司马迁《史记》,北京:中华书局,1982年,第1927页。

　　　　夏，卫灵公卒。①

　　可见佛肸以中牟叛而召孔子之事发生在鲁哀公二年（前493）之前半年。自从鲁定公十三年（公元前497年，即晋定公十五年）范献子、中行寅攻赵简子，最后败走朝歌之后，赵简子连年有事朝歌，攻打范、中行，鲁哀公二年（前493）《春秋》经传仍记载了赵简子因围困朝歌而与郑国所发生的战事。可见据《史记》、《左传》所载推之，佛肸以中牟叛而召孔子之事发生在鲁哀公二年（前493），其时赵简子健在，离赵襄子嗣立尚有十八年，亦可见《论语》所载孔子欲应佛肸之召事不误。崔氏治学以疑古为取向，为了否定《论语》中的这段记载，宁可相信汉代人的其他相异之说，也不相信《左传》和《史记》中的记载。这种为我所用、以败坏三种典籍中的明文记载来成就一己之误说的治学方法是不可取的。

　　崔氏在这个问题上立说的第二个主要观点和依据是，他认为鲁定公十四、五年（前946、945）孔子在卫时，中牟方为范、中行氏之地，故佛肸不可能据之以叛赵氏。② 崔氏的这个看法存在两个问题：第一，孔子周游列国之时，曾前后四次到卫国。前两次到卫国，时值鲁定公十四、五年（前946、945）。第三次到卫国，时值鲁哀公元年（前494）底、二年（前493）初。佛肸以中牟叛，召孔子，发生在鲁哀公二年（前493），即孔子第三次适卫之时。如上所述，有《史记》和《左传》所载为证。崔氏没有弄清楚孔子到过卫国的次数和各次的大体时间，将发生在孔子第三次适卫时（即公元前493年，鲁哀公二年）的事说成是前两次适卫（即公元前946、945年，鲁定公十四、五年）的事，与《史记》、《左传》所载不合，显然是

　　① 孔颖达《春秋左传正义》，《十三经注疏》，北京：中华书局，1980年，第2155页。

　　② 参见《崔东壁遗书》，上海：上海古籍出版社，1983年，第292页。

错误的。第二,关于佛肸的身份,汉代孔安国认为是"晋大夫赵简子之邑宰"①,历代学者大都相沿其说。清代学者有人认为是范氏或中行氏之邑宰②。如果是前者,便是赵简子之邑宰背叛赵简子。如果是后者,便是范、中行氏之邑宰抗拒赵简子,抗拒晋国朝廷,因为范、中行氏作乱,赵简子以晋国大夫的身份往伐。因此,不论佛肸是哪一种身份,他背叛或抗拒赵简子是事实。按照崔氏的说法,倘佛肸为赵氏之邑宰,据中牟叛便是叛。倘为范、中行之邑宰,抗拒赵氏,抗拒晋国,便不是叛。显然这类看法也是错误的。崔氏为了否定《论语》中的这段记载,尽量从文献中找矛盾,结果找到的是不成矛盾的"矛盾",也表明《论语》中的这段记载实际上是无法否定的。

　　崔氏为了否定佛肸召孔子之事所持的第三个主要观点和依据,与其为了否定公山弗扰召孔子之事时所持的第三个主要观点和依据相似,即认为佛肸以中牟叛,是乱臣贼子,孔子不可能往助之,因此也不可能有其事。③ 上文我们已经提到,孔子有强烈的用世思想,渴望找到一个机会参与政治,实施其伟大理想。鲁定公十年(前500)之后,他总算有机会做了鲁国大夫,在内政外交方面颇有建树,但由于齐国施行奸计,馈赠女乐,季氏和鲁君沉湎女色,不问政治。孔子预感到前途不妙,便离开鲁国,周游列国,寻求新的出仕机会。可是自从离开鲁国的三四年中,孔子师徒风餐露宿,四处奔波,到过许多国家,都没有出仕的机会,而且多次遇到困境,以致孔子自认为"似丧家之狗"。鲁哀公二年(前493),无奈之下,孔

　　① 邢昺《论语注疏》,《四部要籍注疏丛刊》,北京:中华书局,1998年,第456页。

　　② 参见刘宝楠《论语正义》,《四部要籍注疏丛刊》,北京:中华书局,1998年,第992页。

　　③ 参见崔述《崔东壁遗书》,上海:上海古籍出版社,1983年,第292页。

子又第三次来到卫国,但是"灵公老,怠于政,不用孔子"①。就在此时,佛肸以中牟叛,召,孔子言语之间有欲往之意。正如刘宝楠所说:"其时天下失政久矣,诸侯畔天子,大夫畔诸侯,少加长,下凌上,相沿成习,恬不为怪。若必欲弃之而不与易,则滔滔皆是,天下安得复治?故曰'天下有道,丘不与易也'。明以无道之故而始欲仕也。"②何况当时韩、赵、魏三家僭于晋公室,佛肸对赵氏的背叛或抗拒,也带有否定之否定的性质,与一般背叛主上的乱臣贼子有别。因此,孔子言语之间有欲往应召之意,这与其在《春秋》中诛伐乱臣贼子的宗旨并不矛盾,故二子之叛均不见载于《春秋》。可见崔氏不问具体情况,企图以《春秋》治乱臣贼子之说否定《论语》中的这段记载,也是无益的。

根据以上所论,可以看出,崔氏据以立说的一些主要观点和依据都是错误的、不可靠的。因此,其否定关于孔子欲应佛肸之召的记载,归之于所谓战国横议之士的附会之说也是错误的,不可信从。

历史事件非常复杂,时过事迁,后人无法理解者多有,不独《论语》所载这两件事。古代典籍,特别像《论语》这一类典籍中的记载总是有根据的。先秦典籍散佚甚多,仅以《汉书·艺文志》所载为例,今多十不传一,即可见一斑。因此,不能因为后代找不到更多旁证史料,就将有关记载轻易地否定掉,那不是一种负责任的治学态度。

崔氏大声疾呼,必欲否定、刊除《论语》中的这两段记载而后快,究其原因,除了其疑古的治学取向外,恐怕就是他脑子里的圣人负担了。一则曰:"此章③与佛佾章尤害道诬圣人之大者。"④二

---

① 司马迁《史记》,北京:中华书局,1982 年,第 1924 页。

② 刘宝楠《论语正义》,《四部要籍注疏丛刊》,北京:中华书局,1998年,第 992 页。

③ 指公山弗扰章。

④ 崔述《崔东壁遗书》,上海:上海古籍出版社,1983 年,第 285 页。

则曰:"后之人宁使圣人受诬于百世,而断不敢议采辑者千虑之一失,亦可谓轻重之失伦矣!"①三则曰:"圣人者,义之归也。圣人所为,天下将以为法。己则比于叛人,而作《春秋》以治人之叛,叛人其心服乎!"②四则曰:"竟无一人降心究考,肯为我先师孔子辨其诬者,良可叹也!"③在崔氏和他同时代的许多人看来,孔子是圣人,圣人无论思想还是言行,都是尽善尽美,没有一点差错。《论语》竟敢把孔圣人和叛者拉在一块,说他欲应叛者之召,那还了得,真正是害道诬圣之极! 实际上,这些想法都是脱离孔子时代历史现实的,不正确的。首先,应该承认,现实中永远不大会有十全十美的人,所谓身无择行,口无择言,尽善尽美,那只是理想化的人格,不是现实人生。所谓圣人,只是说他的学识积累、思想觉悟、道德修养及对人类的贡献等高于常人,做错的事,说错的话比常人少,并不是说他没有一点择行择言。就孔子来说,讥宰予"朽木不可雕也",笑子游"割鸡焉用牛刀",见女乐不告而离职去国等等,皆不免择言择行之嫌。因此,只设想圣人尽善尽美,不允许圣人有半点差错,那是不现实的,仅仅是一种理想而已。同样,因为孔子是圣人的缘故,便认为《论语》中关于孔子欲应叛者之召的两段记载"必无其事",从而加以否定,也是不妥当的。

　　其次,尽管在战国时代之前,甚至在孔子在世时,就有人以"圣人"名号称呼他,但毕竟远没有形成大多数人的共识。直至汉初司马谈论六家要旨,仍谓"儒者以六艺为法。六艺经传以千万数,累世不能通其学,当年不能究其礼,故曰'博而寡要,劳而少功'"④。显然这是持批评态度的。孔子是儒家的创始人,这种批评当然与

---

① 崔述《崔东壁遗书》,上海:上海古籍出版社,1983 年,第 285 页。
② 崔述《崔东壁遗书》,上海:上海古籍出版社,1983 年,第 285 页。
③ 崔述《崔东壁遗书》,上海:上海古籍出版社,1983 年,第 292 页。
④ 司马迁《史记》,北京:中华书局,1982 年,第 3290 页。

孔子本人也脱不了干系。这表明在此之前，就孔子本人而言，他并没有刻意把自己装扮成后世所想象的圣人，一言一语，一举一动，都刻求尽善尽美，他是完全按照自己的意志行事的，当然做好的时候居多，但也有做不好的时候。就世人而言，那时谁也没有要求或赞扬孔子尽善尽美，倒是指长论短的话着实不少。只是到了汉武帝独尊儒术之后，孔子的圣人身份才越来越突出，逐渐得到全社会的承认。人们也越来越习惯于用十全十美的标准想象圣人的神圣风范，不但不允许别人说孔子半句坏话，也不敢自己怀疑孔子有一点差错。总之，完全将原本来自现实的孔子理想化了。崔氏的错误一半正出在忽略了孔子被神圣化之前的整个过程，不是按曾经来自现实中的孔子对待孔子，而是按神圣化之后的圣人对待孔子。故他在大惊小怪之余，做出了否定《论语》中不该否定的两段相关记载的蠢事。

还有必须指出，《论语》中那两段记载，只讲"子欲往"，并没讲"必往"、"已往"。"欲"之为言，仅表现于意念或言辞而未见于行动者也。可以想见，当公山弗扰、佛肸前后背叛贼臣主子季氏和赵简子，遣人召请孔子之时，孔子的反应当是同情的，因为二子以他们特有的身份和目的做了其他正义者想做而不能做的事情。因此，当时孔子有可能说过可去之类的话，表示对他们行动的某种同情和支持而已，这种同情和支持跟孔子当时的处境和心情是相联系的，但是孔子并没有真正要去的打算，因为二子的为人、能耐、处境、前途等等，孔子了如指掌。至于《论语》中那两段记载中孔子后边所说的话，仅仅是针对子路的反对而说的。这也是人之常情。生活中经常会碰到这样的情形：一个人仅仅同意可以做某一件事情，但他并不是真要去做，当另一个人提出异议时，他还要为自己所说的话和所表的态度认真辩护一番。《论语》中关于孔子两次欲应叛者之召的记载，恐怕正属于这种情况。崔氏没有仔细玩味文意，未能看透孔子的真意，对那两段记载盲目地加以否定，自然是不妥当的。

　　总而言之,《论语·阳货》篇关于孔子欲应叛者之召的两段记载有其历史根据,生动地反映了当时孔子的所作所为,无损于孔子的圣人形象,是难得的宝贵史料,不能随意加以否定和刊除。

67. 子曰:"道听而涂说,德之弃也。"

此为《论语》第十七篇《阳货》之第十四章。①

邢昺《论语注疏》云:"言闻之于道路,则于道路传而说之,必多谬妄,为有德者所弃也。"②

杨伯峻《论语译注》说:"听到道路传言就四处传播,这是应该革除的作风。"③

[按] 邢氏所解是对的,即"德之弃也",乃"为有德者所弃也"。杨氏译作"这是应该革除的作风",为意译,似不如前者明白。程氏《集释》:"《反身录》:道听涂说,乃书生通病,若余则殆有甚焉。读圣贤遗书,嘉言善行,非不饫闻,然不过讲习讨论,伴口度日而已。初何尝实体诸心,潜修密诣,以见之行耶?每读《论语》止此,惭悚踟蹰,不觉汗下。同人当鉴余覆车,务以深造默成为吃紧,以腾诸口说为至戒。慎毋入耳出口,如流水沟,则幸矣。修德断当自默始,凡行有未至,不可徒说,即所行已至,又何待说,故善行为善言之证,不在说上。"④

---

① 杨伯峻《论语译注》,北京:中华书局,1980 年,第 186 页。

② 邢昺《论语注疏》,《四部要籍注疏丛刊》,北京:中华书局,1998 年,第 458 页。

③ 杨伯峻《论语译注》,北京:中华书局,1980 年,第 186 页。

④ 程树德《论语集释》,《四部要籍注疏丛刊》,北京:中华书局,1998 年,第 2276 页。

68. 其未得之也,患得之。既得之,患失之。

　　此为《论语》第十七篇《阳货》之第十五章。全文为:"子曰:'鄙夫可与事君也与哉? 其未得之也,患得之。既得之,患失之,苟患失之,无所不至也。'"①

　　对于"患得之"一句,历代的解释大多是错的。如何氏《集解》云:"患得之者,患不能得之,楚俗言。"②皇氏《义疏》、邢氏《注疏》、朱氏《集注》等,均用其说。孔子鲁人,无须用楚言。此节开头称"鄙夫"云云,接下去便是"其未得之,患得之"云云,说明"患得之"者不是其他人,正是"鄙夫"之辈。对于鄙夫之辈来说,"其未得之也,患得之",乃是平常事,如何不能说"患得之",硬要改作"患不能得之"呢? 显然,孔子写作"患得之",就是"患得之",不能将此肯定式改作否定式,那样就不对了。其实,"其未得之也,患得之。既得之,忠失之",这是一种习惯语句。这种句式,至少在溮水、西安一带至今通行。其中的"患得之"一句,就是害怕得到的意思,绝对没有"患不能得之"的意思。为什么"其未得之,患得之"? 对于鄙夫来说,以前没有干过那种事情,现在眼看就要干上那件事了,因此就产生害怕干那件事情的心情,即"患得之"的心情,为什么会产生那种心情呢? 因为以前没干过,知道有很多事情不好做,故害怕做,但现在又不得不去做,必然就产生这种矛盾心理。

　　①　杨伯峻《论语译注》,北京:中华书局,1980 年,第 186 页。
　　②　正平本《论语集解》,《四部要籍注疏丛刊》,北京:中华书局,1998年,第 82 页。

69. 子张曰:"执德不弘,信道不笃,焉能为有? 焉能为亡?"

此为《论语》第十九篇《子张》之第二章。①

邢昺《论语注疏》曰:"言人执守其德,不能弘大。虽信善道,不能笃厚。人之若此,虽存于世,何能为有而重,虽没于世,何能为无而轻。言于世无所轻重也。"②

杨伯峻《论语译注》道:"子张说:'对于道德,行为不坚强,信仰不忠实,[这种人,]有他不为多,没他不为少。'"③

[按] "言人执守其德,不能弘大",对于"德"与"弘"两字的解释,邢氏之说是对的,即"其德"与"弘大",不必引用他说。关于后两句,杨氏的译语变换过多,似以"有他何能? 没他何能?"为妥。程氏《集释》云:"《反身录》:执德是持,守坚定宏,则扩所未扩。信道是心,孚意契笃,则始终如一。既宏且笃,方足以任重致远,做天地间大补益之事,为天地间有关系之人。若不宏不毅,则至道不凝,碌碌一生,无补于世。世有此人,如九牛增一毛,不见其益。世无此人,如九牛去一毛,不见其损。何足为轻重乎? 每读《论语》至'焉能为有? 焉能为亡?'中心不胜惧悚,不胜怅恨,惭平生见道未明,德业未就,恨平生凡庸罔似,于世无补,虚度待死,与

---

① 杨伯峻《论语译注》,北京:中华书局,1980 年,第 199 页。

② 邢昺《论语注疏》,《四部要籍注疏丛刊》,北京:中华书局,1998 年,第 471 页。

③ 杨伯峻《论语译注》,北京:中华书局,1980 年,第 199 页。

草木何异？猛然一醒，痛自振奋，少自别于草木，庶不负此
一生。"①

———————

　　①　程树德《论语集释》,《四部要籍注疏丛刊》,北京：中华书局,1998
年,第 2356 页。

70. 子夏曰:"博学而笃志,切问而近思,仁在其中矣。"

此为《论语》第十九篇《子张》之第六章。①

皇侃《论语义疏》云:"孔安国曰:'广学而厚识之也。'又'切问者,切问于己所学而未悟之事也。近思者,近思于己所能及之事也。若泛问所未学,远思所未达,则于所学者不精,于所思者不解也。'"②

杨伯峻《论语译注》说:"广泛地学习,坚守自己志趣;恳切地发问,多考虑当前的问题,仁德就在这中间了。"③

[**按**] "博学而笃志,切问而近思",两句话概括了四件事,即博学、笃志、切问、近思,均属于学问思辨之事,故《论语》中仅此一见的"笃志"孔安国释为"厚识"是对的,即志为识之借字,非"志趣"之志。杨氏将"笃志"和"近思"分别解译为"坚守自己志趣"和"多考虑当前的问题",显然未妥。程氏《集释》:"郑说是也。《述而》云:'多见而识之。'《白虎通》引作'志'。郑注《周礼·保章氏》云:'志,古文识。'贾《疏》:'古之文字少,志意之志与记识之识同。'《说文》无志字,徐铉于《心部》补之云:'志,意也。从心,㞢声。'段《注》谓志所以不录者,古文有志无识,小篆乃有识字。《保章注》:'志,古文识。识,记也。'《哀公问注》'志读为识,识,知

---

① 杨伯峻《论语译注》,北京:中华书局,1980年,第200页。

② 皇侃《论语义疏》,《四部要籍注疏丛刊》,北京:中华书局,1998年,第296页。

③ 杨伯峻《论语译注》,北京:中华书局,1980年,第200页。

也。'今之识字,志韵与职韵分二解,而古不分二音,则二解亦相通。古文作志,则志者,记也,知也。许《心部》无志者,盖以其即古文识而识下失载也。宋儒不明训诂,往往望文生义,此其失也。"①

①　程树德《论语集释》,《四部要籍注疏丛刊》,北京:中华书局,1998年,第2365页。

71. 曾子曰:"堂堂乎张也,难与并为仁矣。"

此为《论语》第十九篇《子张》之第十六章。①

邢昺《论语注疏》云:"郑曰:'言子张容仪盛而于仁道薄也。'"又云:"言子张容仪堂堂然盛,于仁道则薄,故难于并为仁矣。"②

杨伯峻《论语译注》道:"曾子说:'子张的为人高得不可攀了,难以携带别人一同进入仁德。'"③

[按] 邢氏所引郑氏曰是对的,言子张容仪堂堂然,一派兴盛的样子,但于仁道则单薄,故难于一并为仁德。杨氏将"堂堂"二字理解为"为人高得不可攀了",似不妥当。程氏《集释》:"《论语·稽求篇》:堂堂,夸大之称。惟夸大不亲切,故难并为仁。《魏武·兵书》:'无击堂堂之阵',《越绝书》'去此邦堂堂被山带河',《汉书》'堂堂乎张',《后汉·隗嚣传》'区区两郡以御堂堂之锋',皆以相对难近为言。"④

---

① 杨伯峻《论语译注》,北京:中华书局,1980 年,第 202 页。

② 邢昺《论语注疏》,《四部要籍注疏丛刊》,北京:中华书局,1998 年,第 473 页。

③ 杨伯峻《论语译注》,北京:中华书局,1980 年,第 202 页。

④ 程树德《论语集释》,《四部要籍注疏丛刊》,北京:中华书局,1998 年,第 2382 页。

72. 子贡曰：“譬之宫墙，赐之墙也及肩，窥见室家之好。夫子之墙数仞，不得其门而入，不见宗庙之美，百官之富。得其门者或寡矣。夫子之云，不亦宜乎！”

　　此为《论语》第十九篇《子张》之第二十三章。其前有云：“叔孙武叔语大夫于朝曰：‘子贡贤于仲尼。’子服景伯以告子贡。”下接此文。①

　　邢昺《论语注疏》云：“乃为之举喻曰：譬如人居之宫，四围各有墙。墙卑，则可窥见其在内之美，犹小人之道可以小知也。墙高，则不可窥见在内之美，犹君子之道不可小知也。今赐之墙也才及人肩，则人窥见墙内室家之美好。夫子之墙高乃数仞。七尺曰仞。若人不得其门而入，则不见宗庙之美备，百官之富盛也。得其门者或寡矣者，言夫圣阈非凡可及，故得其门而入者或少矣。”②

　　杨伯峻《论语译注》说：“子贡道：‘拿房屋的围墙作比喻罢：我家的围墙只有肩膀那么高，谁都可以探望到房屋的美好。我老师的围墙却有几丈高，找不到大门走进去，就看不到他那宗庙的雄伟，房舍的多种多样。能够找着大门的人或许不多罢，那么，武叔他老人家的这话，不也是自然的吗？’”③

　　[**按**]　邢氏将“百官之富”解释为“百官之富盛也”是对的。

────────────

　　①　杨伯峻《论语译注》，北京：中华书局，1980 年，第 204 页。
　　②　邢昺《论语注疏》，《四部要籍注疏丛刊》，北京：中华书局，1998 年，第 474 页。
　　③　杨伯峻《论语译注》，北京：中华书局，1980 年，第 204 页。

这是打比方。以这个比方来说,作比的部分是"墙"的低与高,赐的墙低,即"及肩";夫子的墙高,即"数仞"。由于赐的墙低,可以"窥见室家之好";由于夫子的墙高,"不得其门而入,不见宗庙之美,百官之富",如此而已。在这个比方中,"宗庙之美,百官之富"与"室家之好"是相对的。也就是说,"室家之好"说明赐的墙内为人的住处,同样,"宗庙之美,百官之富",也说明夫子的墙内除有人的住处"百官之富"外,还有"宗庙之美"。因此,这里的"百官"即是指官员、人群,而不是像杨氏注所说为"房舍"。否则,像杨氏注所说,赐的墙内为人的住处,夫子的墙内为宗庙房舍,不为人的住处,这种差异,恐怕不符合子贡的设譬原意。古人是明白这些意思的,因此汉代王充撰写《论衡》时说:"子贡曰:'不得其门而入,不见宗庙之美,百官之富。'盖以宗庙百官喻孔子道也。孔子道美,故譬以宗庙;众多非一,故喻以百官。由此言之,道达广博者,孔子之徒也。"①

----

① 王充《论衡》,《诸子集成》,上海:上海书店,1990 年,第七册《论衡》,第 132 页。

73. 叔孙武叔毁仲尼。子贡曰："无以为也！仲尼不可毁也。他人之贤者，丘陵地，犹可踰也；仲尼，日月也，无得而踰焉。人虽欲自绝，其何伤于日月乎？多见其不知量也。"

此为《论语》第十九篇《子张》之第二十四章。①

邢昺《论语注疏》曰："又适足自见其不知量也。"②

皇侃《论语义疏》曰："若有识之士视睹于汝，则多见汝愚暗，不知圣人之度量也。"③

[按]　原文中有三种人格：仲尼、他人、人。自"人虽欲自绝"以下，所论为第三种人格，即"人"。因此，最后一句"多见其不知量也"，也是指"人"。邢氏疏文增加一个"自"字，谓"又适足自见其不知量也"，是对的。皇氏疏文意增了两句冗文，于第三句中又多出"圣人"二字，不合句意，属于冗说误增，不可取。

---

①　杨伯峻《论语译注》，北京：中华书局，1980年，第205页。

②　邢昺《论语注疏》，《四部要籍注疏丛刊》，北京：中华书局，1998年，第474页。

③　皇侃《论语义疏》，《四部要籍注疏丛刊》，北京：中华书局，1998年，第299页。

74. 宽则得众,信则民任焉,敏则有功,公则说。

此为《论语》第二十篇《尧曰》第一章之末。①

邢昺《论语注疏》云:"宽则得众,信则民任焉,敏则有功,公则说。"②

皇侃《论语义疏》云:"宽则得众,敏则有功,公则民悦。"③

[按] 邢疏后所附校勘记曰:"'信则民任焉',汉石经、皇本、高丽本并无此句。案:此句疑因《阳货》篇子张问仁章误衍。"但盱郡重刊廖氏善本何氏《集解》、唐开成石经、邢氏《注疏》、朱氏《集注》等均有"信则民任焉"句。今不如两存其说。

---

① 标点本,第 266 页。

② 邢昺《论语注疏》,《四部要籍注疏丛刊》,北京:中华书局,1998 年,第 478 页。

③ 皇侃《论语义疏》,《四部要籍注疏丛刊》,北京:中华书局,1998 年,第 300 页。

参考文献

司马迁《史记》，北京：中华书局，1982年版。

王充《论衡》，《诸子集成》，上海：上海书店，1990年版。

扬雄《法言》，《诸子集成》，上海：上海书店，1990年版。

高诱《淮南子》，《诸子集成》，上海：上海书店，1990年版。

范晔《后汉书》，北京：中华书局，1965年版。

正平本《论语集解》，《四部要籍注疏丛刊》，北京：中华书局，1998年版。

皇侃《论语义疏》，《四部要籍注疏丛刊》，北京：中华书局，1998年版。

陆德明《经典释文》，上海：上海古籍出版社，1985年版。

孔颖达《春秋左传正义》，《十三行注疏》，北京：中华书局，1980年版。

李匡乂《资暇集》，《丛书集成初编》，北京：中华书局，1985年版。

邢昺《论语注疏》，《四部要籍注疏丛刊》，北京：中华书局，1998年版。

朱熹《论语集注》，《四部要籍注疏丛刊》，北京：中华书局，1998年版。

黎靖德《朱子语类》，北京：中华书局，1998年版。

杨慎《丹铅总录》，台湾：商务印书馆，1983年，《四库全书》，第八五五册。

顾炎武《日知录》，上海：上海古籍出版社，1984年版。

王引之《经传释词》，长沙：岳麓书社，1990 年版。

戴望《管子校正》，《诸子集成》，上海：上海出版社，1990 年版。

梁章钜《论语旁通》，上海：上海古籍出版社，1995 年至 2002 年，《续修四库全书》，第一五五册。

俞樾《群经平议》，上海：上海古籍出版社，1995 年至 2002 年，《续修四库全书》，第一七八册。

俞樾《诸子平议》，北京：中华书局，1959 年版。

崔述《崔东壁遗书》，上海：上海古籍出版社，1983 年版。

程树德《论语集释》，《四部要籍注疏丛刊》，北京：中华书局，1998 年版。

杨伯峻《论语译注》，北京：中华书局，1980 年版。

刘宝楠《论语正义》，《四部要籍注疏丛刊》，北京：中华书局，1998 年版。

李学勤《论语注疏》，北京：北京大学出版社，1999 年版。

后　记

　　想到对一部像《论语》这样的古书，做辨疑研究，的确是一件很不容易的事情。

　　首先，要正确理解文意，不能曲解。比如《论语·为政》篇云："父母，唯其疾之忧"一条，东汉马融注云："言孝子不妄为非，唯疾病然后使父母忧。"这个看法被以后的许多学者所接受。今人杨氏也采用这种看法，在《译注》中说："做爹娘的只是为孝子的疾病发愁。"这一派认为，"父母"是施事者，"其疾"是"忧"的对象，其中"其"是指孝子的意思。另一派的解释则与此相反。如东汉王充在《论衡·问孔》篇云："武伯善忧父母，故曰'唯其疾之忧'。"根据这种看法，原文"忧"的施事者是孝子，"忧"的对象"其疾"是指"父母的"意思。东汉高氏在《淮南子·说林》篇也云："《论语》曰：'父母，唯其疾之忧。'故曰忧之者子。"清人梁章钜所著《论语旁通》也同意这种观点。根据《论语》上下文的比较研究，马氏一派的观点虽然古今一直处于主流意识地位，实际上并不符合孔子的原意，而王充一派的释意却是对的。

　　再如，《论语·为政》篇云："至于犬马，皆能有养。"何氏《集解》云："苞氏曰：'犬以守御，马以代劳，能养人者。'"朱氏《集注》云："犬马待人而食，亦若养然。"又云："若能养其亲而敬不致，则与养犬马者何异？"很明显，苞氏之说是将犬马作为主语，"养"是谓语，"人"是宾语。朱氏之说则相反，"养"是被养，养者是"人"，被养者是"犬"与"马"。两种说法相反，但苞氏的说法是对的。他认为，犬以守御，马以代劳，也是能够养人者。儿子的供养是

"养",犬马的代劳也是"养",唯独在"敬"的方面,是儿子所独有而犬马所不能的。因此,倘儿子不孝敬的话,则跟犬马没有什么不同了。故朱氏之说不妥。

还有,《论语·八佾》篇云:"二三子何患于丧乎？天下之无道也久矣,天将以夫子为木铎。"这是仪封人说的一段话,对于其中"二三子何患于丧乎？"这句话,何氏《集解》云:"孔安国曰:'语诸弟子,言何患于夫子圣德之将丧亡耶。'"杨氏《译注》则说:"你们这些人为什么着急没有官位呢？"显然所指不同。其实,这是孔子第一次去鲁司寇而前往卫国时发生的事情。当时孔子寻求支持,跟随的弟子们心情沉重,无暇考虑自己的前途,最关心的事情就是孔子的去就问题。所以这里的"二三子何患于丧乎"只能是"患于夫子圣德之将丧亡耶",不可能是他们自己"着急没有官位"。可见何氏的解释是有理的,而杨氏的说法不可取。

总之,这类两者意见往往针锋相对的情况着实不少,我们必须仔细理解文意,支持正确的解释,反对错误的说法,不可不慎重。

其次,要根据文法,如实理解文意,不可强解乱改。比如《论语·里仁》篇云:"子曰:'富与贵,是人之所欲也;不以其道得之,不处也。贫与贱,是人之所恶也,不以其道得之,不去也。'"朱氏《集注》云:"'不以其道得之',谓不当得而得之。然于富贵则不处,于贫贱则不去,君子之审富贵而安贫贱也如此。"杨氏《译注》说:"'富与贵'可以说'得之','贫与贱'却不是人人想'得之'的。这里也讲'不以其道得之','得之'应该改为'去之'"。这里形成两个相反的意见,朱氏认为两处"不以其道得之",都是"谓不当得而得之","于贫贱则不去"。杨氏相反,认为前一个"不以其道得之"是对的,后一个"得之"应该改为"去之"。其实,朱氏的解释是对的。面对人们"所欲"的"富贵"与"所恶"的贫贱,君子所持态度却是倘"不以其道得之",对于"富与贵"则不处,对于"贫与贱"则不去,即所谓君子审富贵而安贫贱也。杨氏不懂得君子之"审富贵而安贫贱"的基本态度，无法理解第二句，生出"得之"应该改为"去之"的思想，自然是不妥当的。

再次，要根据上下文，确定词义的出发点。如《论语·阳货》篇云："子曰：'鄙夫可与事君也与哉？其未得之也，患得之。既得之，患失之。'"对于"患得之"一句，历代的解释大多是错的。如何氏《集解》云："患得之者，患不能得之，楚俗言。"以后诸家多用其说。其实，对于鄙夫之辈来说，"其未得之也，患得之"，乃是平常事。孔子说作"患得之"，就是"患得之"，不能将肯定式改作否定式。

又次，要有语言随时代变迁的知识，不能随意更改。比如《论语·学而》篇云："曾子曰：'吾日三省吾身，为人谋而不忠乎？与朋友交而不信乎？传不习乎？'"皇氏《义疏》曰："曾子言：'我一日之中每三过自视。'"朱氏《集注》亦云："曾子以此三者日省其身，有则改之，无则加勉，其自治诚切如此。"杨氏《译注》则说："'三省'的'三'表示多次的意思。……不要着实地去看待。"前后两者解释很不相同。我们认为，应该取前者，而不是后者。就以此例而言，"曾子曰：'吾日三省吾身'"，这话是在当时公元前470年说的，根据历代注释者的解释来看，都当作实词来对待，认为"吾日三省吾身"，就是说我每天三次来省察自己。历代注本，比如何氏《集解》、皇氏《义疏》、邢氏《注疏》、朱氏《集注》、刘氏《正义》到程氏《集释》，都如此作解，将"三"当作实词来对待，而不作"多次"解。历代的这种解释表明了一个情况，即"吾日三省吾身"中"三"字的用法，只能作实词解，而不能作"多次"解。杨氏解释发展中或有不可靠。古人自有用字规则，这种规则发展中或有变通，不可能一成不变。何况"吾日三省吾身"是否属于这种句法也未可知。总之，要有语言随时代变迁的意识，承认古人的用法是有一定根据的，不能随意更改。

还有，要用明白言语作解，不要曲折迂回。比如邢氏《注疏》

云："吾尝闻之，君子当周救人之穷急，不继接于富有。"朱氏《集注》亦云："周者，补不足。继者，续有余。"而杨氏《译注》则说："我听说过，君子只是雪里送炭，不去锦上添花。"很明显，邢氏、朱氏的解释均比较实在、清楚。倘如杨氏解，则不实在，不清楚，徒有花里胡哨的感觉。

另，有些解释虽然用例不多，但其所反映的问题比较突出，应该引起注意。

一、不指二人，而指一人。《论语·述而》篇云："子曰：'述而不作，信而好古，窃比于我老彭。'"何氏《集解》云："苞氏曰：'老彭，殷贤大夫也。好述古事，我若老彭矣。但述之耳也。'"皇氏《义疏》云："老彭，彭祖也。年八百岁，故曰老彭也。"以上俩人均指"老彭"为"彭祖"一人。但郑玄《论语注》云："老，老聃；彭，彭祖。"却指"老彭"为两个人。其实，苞氏解为"老彭，殷贤大夫也"，是对的。为什么称彭祖要加"老"字呢？因为据皇氏所说，彭祖"年八百岁，故曰老彭也"。其实，彭祖称"老彭"，这是很久的事情。因为"年八百岁"者为人不多，事传很久，故人们通常不呼其"彭祖"之原名，而以"老彭"称之。而"老聃"虽然年纪也大，但毕竟与孔子同时，就年龄跟"彭祖"比起来，相差甚大。故可以想见，孔子当日所称"老彭"，的确是指彭祖一人，不会指"老聃"与"彭祖"二人。如果确指俩人，当称"老子、彭子"，方不与已有之"老彭"一词相误。因此可知，苞氏与皇氏的解释可用，郑氏的说法欠妥。

二、指一人，而不指多人。如《论语·述而》篇云："互乡难与言童子见，门人惑。"皇氏《义疏》引又一说云："琳公曰：'此八字通为一句，言此乡有一童子难与言耳，非一乡皆专恶也。'"杨氏《译注》却说："互乡这地方的人难于交谈，一个童子得到孔子的接见，弟子们疑惑。"则是指互乡这地方的人们与童子。事实上，皇氏所引琳公曰谓"此八字通为一句"，所说甚是。"互乡难与言"这五个字是修饰"童子"的，不是指"互乡"这个地方而言。孔子以下所说的话全指"童子"而言，可以为证。孔子曰："与其进也，不与其退也，唯何甚？""与其进也"，是指童子现在同意接见之事。"不与其退也"，是指我们不赞成他过去"难与言"的退步。"唯何甚"，是指我们不能做得太过火，不接见这位童子。孔子又曰："人洁己以进，与其洁也，不保其往也。"是指我们应该接受这位童子的见面，不要记着他以往的表现而不接见。"不保其往也"，正是指其"难与言"的过去。因此，从以下所引孔子所讲过的这两段话可知，琳公所云"此八字通为一句"是对的，而以往将其分作两句看，是完全错误的。

　　三、要正确标点文字，核准文意。如《论语·八佾》篇云："子曰：'吾不与，祭，如不祭。'"朱氏《集注》曰："言己当祭之时，或有故，不得与，而使他人摄之，则不得致其如在之诚，故虽己祭，而此心缺然，如未尝祭也。"杨氏却说："我若是不能亲自参加祭祀，是不请别人代理的。"两相比较，朱氏句读为"吾不与，祭，如不祭。"是对的。关键在于中间一个"祭"字应该单读，各种问题就都解决了。杨氏将这个"祭"字属上读，又将下句译为"是不请别人代理的"，均欠妥。因此遇到这类问题，首先要正确标点文字，然后才能正确理解文意。

　　四、要弄清楚是具体的个人，还是同一类人。如《论语·先进》篇云："季氏富于周公，而求也为之聚敛而附益之。"朱氏《集注》云："周公以王室至亲，有大功，位冢宰，其富宜矣。季氏以诸侯之卿而富过之，非攘夺其君，刻剥其民，何以得此？"皇氏《义疏》云："周公，天下臣，食采于周，爵为公，故谓为周公也，盖周公旦之后也。"实际上，朱氏解"周公"为周公旦，是对的。周公旦初封于鲁，故论鲁之季氏者所谓周公即指旦而言，非指他人。还有，季氏之富过于周公旦犹可言，倘过于其他官号周公，则不足论矣。那样，便不是论季氏之富，而是论季氏之贫矣。

五、要弄清楚具体时间。如《论语·先进》篇云："子曰：'从我于陈、蔡者,皆不及门也。'"朱氏《集注》云："孔子尝厄于陈、蔡之间,弟子多从之者,此时皆不在门,故孔子思之,盖不忘其相从于患难之中也。"皇氏《义疏》却云："郑玄曰：'言弟子之从我而厄于陈、蔡者,皆不及仕进之门而失其所也。'"又云,"孔子言时世乱离,非唯我道不行,只我门徒虽从我在陈、蔡者,亦失于时,不复及仕进门也。"实际上,朱氏用一个"尝"字揭示孔子曾厄于陈、蔡之间,"弟子多从之者,此时皆不在门,故孔子思之",这种说法是对的。当时,子贡、子路、冉求等这些从于陈、蔡的弟子各有所趋,不在孔子门下,因此孔子才有这样的感叹。皇氏所引郑玄说则谓孔子感叹发生在当日陈、蔡之时,而且将"皆不及门"解释为"皆不及仕进之门"。与孔子原话差别很大,造成了一定的语义混乱,故不可取。

六、有些故定的解释不宜乱改。如《论语·乡党》篇云："吉月,必朝服而朝。"皇氏《义疏》云："吉月者,月朔也。"又云,"诸侯用之以视朝,孔子鲁臣,亦得与君同服,故月朔必服之也。"杨氏《译注》却说："大年初一,一定穿着上朝的礼服去朝贺。"仔细考虑,皇氏的"月朔"之说可从,杨氏的"大年初一"之说不可从。吉月,就是月朔,即农历每月初一。孔子于定公时曾做过中都宰、司空、大司寇,并行摄相事。随后曾去国十四年而返鲁。鲁文公时已不视朝,而孔子必服之者,因为于定公时已为朝官,现在虽不做官,于每月之初必朝服以见,自以为是必然之事。有人以"告月"改"吉月",或解此"吉月"为"大年初一",均不妥。

综上,这些问题都比较重要,应该仔细考虑,认真对待。

已 出 书 目

第一辑

目录版本校勘学论集

秦制研究

魏晋南北朝文体学

李焘学行诗文辑考

杜诗释地

关中方言古词论稿

第二辑

两汉文献与两汉文学

秦汉人物散论

秦汉之际的政治思想与皇权主义

文心雕龙学分类索引

宋代文献学研究

清代《仪礼》文献研究

第三辑

四库存目标注（全八册）

第四辑

山左戏曲集成（全三册）

第五辑

郑氏诗谱订考

文心雕龙校注通译

唐诗与民俗关系研究

东夷文化通考

泰山香社研究

第六辑

日名制·昭穆制·姓氏制度研究

易经古歌考释(修订本)

儒学视野中的《文心雕龙》

唐代文学隅论

清代《文选》学研究

微湖山堂丛稿

经史避名汇考

第七辑

古书新辨

温柔敦厚与中国诗学

诗圣杜甫研究

宋辽夏金经济史研究(增订本)

探寻儒学与科学关系演变的历史轨迹会通与嬗变

被结构的时间:农事节律与传统中国乡村

民众年度时间生活

里仁居语言跬步集

第八辑

中国语言学论文选

20 世纪 50 年代山东大学民间文学采风资料汇编

先秦人物与思想散论

《论语》辨疑研究

百年"龙学"探究

晚明士人与商业出版

衣食行:《醒世姻缘传》中的明代物质生活

清代杜诗学文献考(增订本)